Wilhelm Dittmer

Hafenbilder aus Hamburg

Wilhelm Dittmer

Hafenbilder aus Hamburg

ISBN/EAN: 9783954271771
Erscheinungsjahr: 2012
Erscheinungsort: Bremen, Deutschland

© maritimepress in Europäischer Hochschulverlag GmbH & Co. KG, Fahrenheitstr. 1, 28359 Bremen. Alle Rechte beim Verlag und bei den jeweiligen Lizenzgebern.

www.maritimepress.de | office@maritimepress.de

Bei diesem Titel handelt es sich um den Nachdruck eines historischen, lange vergriffenen Buches. Da elektronische Druckvorlagen für diese Titel nicht existieren, musste auf alte Vorlagen zurückgegriffen werden. Hieraus zwangsläufig resultierende Qualitätsverluste bitten wir zu entschuldigen.

Hamburger Hafenbilder

Verfaßt von Wilhelm Dittmer
Verlegt bei Alfred Janssen
Hamburg 1909

Die Stimmung an der Wasserkante lag sozusagen vor Anker; die Leute waren ungemütlich geworden. Der Winter hatte sich zwischen sie und ihre Arbeit geschoben, und nun ging alles anders, als jeder einzelne es gehen haben wollte.

Mein Gott, ja, die Seewarte hatte in den letzten Monaten oft ihre Warnungssignale aufgezogen, und Stürme mit Hagel und Regenböen waren den Warnungen gefolgt und tage- und wochenlang über die Elbe hergefallen. Wenn dann hoch oben auf der Seewarte vom dunklen Himmel Nacht auf Nacht das rote Warnungslicht sorgevoll zu den ausgehenden Schiffen hinüber blinkt, so werden wohl Gedanken wach von Not und schweren Zeiten — aber die Stimmung der Leute an der Wasserkante verdirbt das nicht sonderlich.

Der Winter, natürlich der gehört nun mal mit zum Hafen, so gut wie der Sommer, und warum sollte es nicht vorkommen, daß der Ostwind das Wasser in die See treibt und die Meldungen sich häufen von Schiffen, die auf der Elbe festgeraten sind? Na, ja, dann gehen eben die Schlepper zur Hilfe, und mit der Flut kommen sie wohl wieder los.

Gewiß, es ist gefährlich für die Schiffe auf Grund zu kommen, aber — die Umstände sind nun einmal so, daß es dem besten Schiffer passieren kann; nun heißt es dieselben Umstände auszunutzen mit richtig berechneter Arbeit, und das ist kein Grund zur Ungemütlichkeit.

Dann wieder kommen die Schiffe mit dem Westwind leicht und glatt in den Hafen, doch hinterher kommen Stürme und treiben das Wasser in die Elbe. Vom Stintfang schallen die Warnungsschüsse: Hochwasser! Na, ja, die Verhältnisse haben sich wieder mal verschoben, — „dat is nu mol so", denken die Leute von der Wasserkante, und bevor sie lange darüber nachgedacht, hat sich die Arbeit schon den Verhältnissen angepaßt. Und wer im tiefen Keller wohnt, richtet sich darauf ein, daß ihm das Wasser ein paar Fuß hoch im Zimmer nicht allzuviel schaden kann.

Aus S.O. weht dann wieder der Wind, und starker Frost setzt ein. Warum auch nicht? Es sind dann eben kalte Fahrten im Morgengrauen nach den Arbeitsplätzen, aber — „Du, Willem, elben Grad Küll hüt Morgen; seh man too, dat du soveel Arbeid fertig kriegen deihst, um di warm dorbi too holln!" schallts einer Reiherstieg-Barkasse nach, und Willem ruft zur Stülkenschen Barkasse zurück: — — doch das hat, Gott sei Dank, der Wind verweht.

Einen Augenblick wimmelts am Baumwall von Schleppern und Barkassen voll Arbeitern, ein paar Augenblicke pfeift der Ostwind drüber hin, ein paar eiskalte Spritzwellen fliegen an Bord, und dann schallt von drüben die Arbeit herüber.

Elf Grad Kälte und Ostwind!

Es zieht in den Docks, und um die Kaimauern pfeift es; gegen die Schiffsrümpfe klatschen die Wellen, und in Rauhreif überzogenen Masten und Takelagen heult der Wind. Was tuts? das gehört zum Hafen. Die Arbeit hat sich den Hafen geschaffen, und Wasser und Wetter haben ihre Bedingungen dazu gestellt: Arbeit, Wasser und Wetter gehören im Hafen zusammen. „Spazierfohrten sölt uns Touren ja ook egentlich nich sien," meinte der Steuermann des Fährdampfers und bemühte sich, Bart und Augenwimpern von vereistem Schnee und Hagel zu befreien.

Jetzt aber waren sie an der Wasserkante ungemütlich geworden.

Der Hafen war vereist.

Tagelang schon war der Hafen vereist. Das Eis der Oberelbe hatte sich in Bewegung gesetzt, und elbaufwärts blies der Westwind was er konnte; da staute sich das Eis im Hafen und auf der Elbe: eine schneeweiße knirschende, schiebende Masse. —

„Dat verdreihte Jis!" sagten die Leute, die arbeitslos am Lande umherstanden, und blickten hin und wieder mal in den Westen, aus dem die Arbeit

kommen sollte, über dem aber der Nebel lagerte. Die Augen wurden ihnen zuletzt müde vom Hineinstarren in das ewige Grau, und darum versuchten sie es ganz natürlich mal mit nem Grog. Der schmeckte nicht! Das Wasser hätte nicht gekocht. Der Rum tauge nichts. Die Gläser würden ja wohl immer kleiner! „Veel too seut" oder „Veel too flau. Dat sall n Grog sien? Ick weet nich wat dat for Tiden sünd un wat in de Minschheit fohrt is!" Und dann standen sie wieder draußen und blickten hin und wieder mal in den Westen, aus dem die Arbeit kommen sollte. — „Grog? nee — ohne Arbeit, nee! — dat verdreihte Jis!" —

„Dat verdreihte Jis!" schimpften die Leute, die in Fährdampfern, Schleppern, Schuten und Barkassen zwar Arbeit hatten, sie aber nicht beschicken konnten. Ärgerlich blickten sie auf das sie umgebende Eis und versuchten immer und immer wieder durchzukommen. Sie kamen zuletzt auch durch, aber ungemütlich waren sie dabei geworden. Und dann mußten sie ja auch noch weiter und mußten auch wieder zurück. Mittag längst vorüber.

„Den ganzen Dag ward dat ja woll nich hell! Wat is dat blot forn Wirtschaft!"

Und dann schimpften sie auf die Steinkohle, die keine Hitze unterm Kessel gäbe, schimpften auf den Dampfer, der nichts tauge, auf den Eisbrecher, der selbst irgendwo eingefroren sein müsse, und schimpften vor allen Dingen auf die Dummheit, die sie gerade dahin geschickt hatte, wohin sie unterwegs waren: „Ick heff dat jo seggt, so n verdreihte Dummheit!" —

Es ist recht ungemütlich. — Mit dicken Eiskrusten sind die Kaimauern beklebt, die Dückdalben sind bis zu halber Höhe in Rieseneisblöcke verwandelt, über den niedrigen Ufern haben sich Eisfelder gelagert.

Überall sind Eisbrecher tätig und halten notdürftig Fahrrinnen im Hafen und auf der Elbe offen, oder brechen oberhalb das sich stauende und mit Überschwemmung drohende Eis.

Mehr und mehr flaut der Wind ab, dichter und dicker wird die Luft, zuletzt setzt Nebel ein. Über der Elbe liegt er, kalt, undurchsichtig, feucht. Die Schiffe müssen verankern auf der Elbe, bei Cuxhaven und draußen zwischen den Feuerschiffen. Auch die großen, die des Eises wegen wohl an die Stadt gekommen wären.

Alles liegt still. Vierzig einkommende Schiffe hat Cuxhaven schon gemeldet, sie alle liegen dort drinnen im Nebelmeer, aus dem hin und wieder das langgezogene Tu-ut eines Signalhornes schallt und die sich überall sammelnden Krähen in krächzenden Scharen aufscheucht.

Früh wird es Nacht. Die Leuchtfeuer versinken in ihr zu unsichtigen mattfeuchten Schimmern; unsichtbar schiebt sich die gewaltige Eismasse knirschend stromabwärts, und alles was auf der Elbe und in der Nordsee lebt, vor Anker liegt oder sich abmüht, ist ausgelöscht in Nebel und Nacht.

Junge! Das war alles, was der Gast beim Eintreten sagte. —
Wir hatten eine Rundfahrt durch den vereisten Hafen gemacht, der alte Bürger von der Wasserkante, ein Freund von der H. D. A. G., der uns auf die Barkasse, Jollenführer II, eingeladen hatte, und ich. Meinen alten Freund und mich empfing nun wohlig der Feuerschein aus dem blauen Atelierkamin. Leise summte der Kessel darüber.

„Jo, jo, so n Fohrt in unsen Hoben is doch schön! Un nahher is dat schön, gemütlich am Füer tosoom to sitten — un wat de Een denn nich weten deit, dorvon kann de Annere woll vertellen." — Er durchfuhr mit dem Zeigefinger wagerecht die Luft: „Nee, moken Se em nich too stark. De Tweete, de kann n beten starker sien, den Ersten den mag ick geern recht heet un recht sööt."

Die Schatten sammeln sich in den Ecken, und im Feuerschein leuchten die beiden Gläser Grog. Mechanisch rührt die Hand den Löffel im Glase, während die Fülle des Gesehenen im Geist an uns vorüberzieht. Der Gast öffnet wie zum Sprechen den Mund, schließt ihn wieder, lächelt und spricht

dann doch, langsam und mit Bedacht: „Jo, fröher weer de Hoben doch man n Klöterkram!"

Und trinkt sein Glas halb leer.

„Geflogene dree Stünn sünd wi nu mit de Barkaß dorin to gangn wesen, ober nich de Hälfte von den eegentlichen Hobenbetrieb hemmn Se to sehn kregen."

Dat mag jo sien, ober — aber ich habe jedenfalls mehr gesehn, als ich in einer Lebenszeit bearbeiten könnte. —

„Jo, dat glöw ick woll! Ehre Molerarbeit mag keen Kleenigkeit sien, ober de harr man twintig Johr fröher komen mußt, als noch de Sailscheep in lange Regen am Jonas entlang legen. Domols geef dat noch ne „Waterkant" — und gemütlich weer dat an de Waterkant, — nu is dat all so wietlöftig un groot. Dor hemmn Se gewiß en düchtiges Stück Arbeit, dat all to faten to kriegen. — — Wöln Se von uns Tour hüt ook wat teken?"

Ja, dat weet ick nich; das glaube ich auch nicht. Werde mich wohl aufs Beschreiben legen müssen. Es war ja alles Leben und Bewegung. Sie mögen wohl recht haben, es mag früher malerischer im Hafen gewesen sein, ob aber auch schöner? — Was gibt es denn schöneres als den mächtigen Himmel über den weiten Wasserflächen mit den Schiffskolossen und den sie umgebenden Scharen von Frachtfahrzeugen; der Arbeit, die überall vor sich geht, die tausendfältig zum Ausdruck kommt auf den Kais, in den Docks, auf den Schiffswerften und auf dem Wasser? Das immerwährende Zusammenziehen von neuen Bildern auf dem Strom, das Spiel der Rauch- und Dampfwolken und das Kommen und Gehen der mächtigen Schiffe im Sonnenschein, oder aus dem Nebel heraus, oder in die Abenddämmerung hinein! — —

Die altmodische Lampe wird angezündet, der Gast blickt leise lächelnd in den Schein.

„Jo, jo, in de olen Tieden doo weer ick jung un n flotten Kerl. — Und nun? Ja, ich habe mein Leben an der Wasserkante verlebt, und — möchte wohl noch einmal wieder damit anfangen! Besonders jetzt. Es ist doch ein gewaltiger Zug in den Hafen gekommen. Alles scheint zu fliegen!

Und wissen Sie, daß, so groß der Hafen nun ist, er doch noch nicht ausreicht?"

Er trinkt sein Glas leer.

„Im letzten Jahre betrug der Seeschiffverkehr 32 000 Schiffe mit einem Nettoraumgehalt von rund 22 000 000 Tons. Das ist die Seeschiffahrt allein. Für den gewaltigen Verkehr muß im Hafen der nötige Bewegungs- und Liegeraum für die Schiffe sein. Die nötigen Lagerräume, Schuppen, Speicher, Krähne und Vorkehrungen, Eisenbahnen, Frachtschiffe und Lastwagen, um die Gütermengen zu löschen und laden, zu empfangen, weiterzuverschiffen und in fortwährender Bewegung zu halten.

Kein Hafen der Welt hat den Kleinverkehr unseres Hafens, das — jo, dat mokt em jo erst to Hamborg! Recht harrn Se vorhenn, als Se meenten, dat man sick en schöneres Bild als den Hoben stromaffwarts nich denken kunn. Dat wölln Se doch gewiß molen?" —

Ja, wenn das von dem guten Willen abhinge. ——— Täglich bewundere ich das Bild. Bei jedem Wetter ist es schön; immer wechselt es in Licht und Farbe, immer ist es voll Leben. Wills mal versuchen bei feuchter, windiger Luft, wenn das Ganze von quergezogenen zackigen Dampfwolken übersponnen ist, oder wenn schwarze Rauchmassen sich wie ein Schleier darüber breiten. Und dann, — Se weten jo selbst, wie schön dat is, wenn dorch den Morgennebel de Sünn dorchbrickt, oder im Obendsünnenschien de ganze Hoben in Farben glöht und blöht, — oder — oder — Ich habe gesehen, wie im Abendsonnenschein die Deckbauten eines ausfahrenden Schiffes wie Silber glänzten, der Hafen rund umher umrahmte es in den leuchtendsten Farben, der blaue Himmel spannte sich darüber, der Strom glitzerte und blitzte — ein Bild der Sehnsucht nach Ferne und Glück und fremden Ländern. Dann füllt das alles plötzlich das dröhnende Brüllen des Abschiedsgrußes, und eine weiße Dampfwolke schwebt über dem Signalhorn des Kolosses, der leise an den dunstumsponnenen Kirchtürmen vorüber in den Sonnenuntergang hineinzieht. Am anderen Tage, fast genau um dieselbe Stunde und genau am selben Ort, fegten Regenwolken über den Strom, und statt der ruhigen Farbenpracht von gestern, kämpften ein Dutzend schwarzer Barkassen mit schwarzen Arbeitermassen unter schwarzen

Rauchwolken ihren Weg durch die Regenböen an die Stadt, der die Spitzen der Kirchtürme nun fehlten, und die wie eine dunkle gedrückte Masse die Wolken trug. —

„Jo, jo, denn geiht dat Ehrn sülberwitten Damper dor buten ober ook nich besonders good. — Ober dat is wohr, schön is uns Hoben immer und to jede Tied! Villicht könt blot wi Ollen dat so ganz un goor föhlen; wi, de mit den Hoben groot worden sünd. — Jo, ditmol hemmn Se de Mischung richtig droopen — na, villicht noch n lütten Schuß. — Nee, to See bün ick nich fohrt, Ewerföhreree is mien Geschäft. Das haben jetzt meine Söhne. Mit dem Zollanschluß kam die neue Zeit, dahinein paßt die Jugend besser. —

Wie hefft wi de Köpp schüddelt, als dat heeten deh, wi solln nu „preusch" warden un inn Toll komen. Wi dachten: siso, nu is dat to Enn mit uns — un dor fung dat erst an! Un mitunner, wenn ick mi dat Leben hüt so anseh, un denn veertig Johr torügdenk, denn will mi dat gornich in den Kopp, dat ick dat allns so miterlewt heff. — — Ick denk noch doran, was wir für Kerls damals waren, wenn wir mit den Schuten uns so gemütlich zwischen den Schiffen durchschoben, dann die ewigen Schereien mit den Papieren geordnet hatten und gegen Abend dann vor den Speichern ankamen. Dat heet, wenn de Fleeten nich drög loopen weern. Un denn noh Steenwarder! Henn un torüg dat weer ne Dagreis. Mit de Flood gung dat röber un mit de Ebb wedder torüg. —

Aber was waren wir erst für Kerls, als die ersten Schlepper kamen! — Heff ick nich op dat Ding seeten unt putzt un smeert un wie ne Speelpopp utputzt mit Wischlappen un Farw? Un dorbi gung de Geschichte nich mal ordentlich, — dat gung too gau!

De Verkehr, — ja darauf waren wir noch nicht eingerichtet. Das Löschen mit den Handwinschen auf den Schiffen und den alten Winden am Lande konnte nicht Schritt halten. Doch mehr und mehr Dampfer kamen in den Hafen, die Zeit drängte, und Regelmäßigkeit mußte geschaffen werden.

Pearson, jetzt Kirsten, hatte die ersten Dampfer nach London. Dann kam die Amerika-Linie. Die Reedereien bauten Dampfer. — Un denn harr ick bald den tweeten Sleper; — un denn heff ick lehrt, wat Arbeit heeten deiht! Mien Lehrtied weer jo nich grad licht wesen, ober se harr doch ehre Gemütlichkeit. — Nu ober keem n nees Word op, dat Word: Betrieb. Aus der Ewerführerei war ein Ewerführer-Betrieb geworden. Und da fehlte es überall. Die Leute fehlten, die Ordnung fehlte, der alte Formalitätenkram stand im Wege. Anfassen hieß es, Leute ersetzen, neue Methoden erfinden und immer wieder drängen und nachschieben.

Dor flögen de Johren dorhen wie de Arbeit dorhen flog.

Wir wurden kaum gewahr, wie neue Häfen gebaut wurden. Der Segelschiffhafen wurde gebaut, dann der Hansahafen. Dampfer drängten sich an den alten Kais, neue Lagerhäuser und Schuppen entstanden. Ein ganzes Stadtviertel mußte Platz machen, dem Freihafen und den Freihafenspeichern — und dann plötzlich zogen sich Palisaden und Zollpontons entlang, wo sonst die langen Segelschiffreihen waren — Hamburg war Zollgebiet und Freihafen geworden." —

Die Hände auf dem Rücken wandert der Gast auf und ab.

Er trinkt einen Schluck, und wieder entsteht ein neues Jahrzehnt, mit knappen Worten dargestellt.

Dann trinkt er sein Glas leer und sagt:

„Un glöwen Se mi, ick kann beter slopen, wenn ick des Obends en Damper op de Elw oder im Hoben tuten höör. Ick heff jo nix mehr to dohn, un föhl doch, als harr ick ne Ort von Verantwortung for den Hoben. — Na so sünd wi ollen Lüüd nu mol! — Un de Hoben is jo ook nich dat Water un de Kaimuren und de Schuppen un Scheep, he is jo eegentlich doch dat Leben, dat in em lebendig is, un woto wi all uns Deel gewen hefft, jeder op sienen Platz: de Koopmann, de Seemann un de Arbeitsmann. ——

Na, adjüs! Un wenn Se uns Hobenfohrt opschreben hemm, denn loten Se man mol wedder wat von sick hören. —

Dat is doch n lütt fixes Fohrtüg, de lütt Jollenführer II, ——— wi keemn jo man n beten langsom togangn." ———

Mit unsrer Hafenfahrt wars, wie der alte Freund sagte: Wi keemn jo man n beten langsom togang. Das taten wir. Die H. D. A. G. hatte uns zu einer Fahrt durch den Hafen eingeladen, und knackend, knirschend und sich leise durch die Eisschollen schiebend, setzte sich die Barkasse in Bewegung — da saßen wir auch schon wieder fest. Unser Führer blickte auf die Uhr: „Schon ne Stunde Ebbe, da muß es doch bald Luft geben." Als Antwort brachten uns zwei mächtige Eisschollen zum Stillstand. Allmählich aber löste sich mit der Ebbe die ungeheure Masse des zusammengeschobenen Eises und unsre Fahrt wurde besser.

„Ja, wenn man hundert Hände hätte," meinte er, „wie soll man zu solchen Zeiten den Verkehr aufrecht halten? Heut Morgen ist auch alles drunter und drüber gegangen; mit mehr als halbstündiger Verspätung konnten die Arbeiter nur befördert werden. Seit Tagen kommt man nicht zur Ruhe! Einundvierzig Schiffe saßen gestern am Reiherstieg herum fest, große und kleine, ich habe sie selbst gezählt." — Und fest saßen sie noch überall.

Die weiße Eisfläche war mit qualmenden Schleppern besät. Rückwärts und vorwärts arbeitend suchten sie sich Bahn zu brechen. Die größeren Schlepper mit Schuten oder Oberländer Kähnen im Tau fanden schon langsam ihren Weg. Schuten lagen dazwischen regungslos; ihre Ewerführer waren machtlos, rauchten Kalkstummel und warteten auf Schlepperhilfe.

Unterhalb St. Pauli qualmten drei Schlepper und strengten ihre Kraft aufs äußerste an, einen großen Viermaster in den Hafen zu bugsieren. Vom Hansahafen her, zwei Schlepper vorn, zwei Schlepper hinten, machte sich ein Südamerikaner auf die Fahrt nach einem besseren Klima, und die

Luft war gefüllt mit den sich antwortenden, befehlenden, warnenden Pfiffen schriller Dampfpfeifen, dem Tuten der Signalhörner und dem Gerattel und Geknatter der pneumatischen Werkzeuge auf den Schiffswerften.

Durch das Gewühl am Amerikahöft arbeitete sich unsre Barkasse und führte uns zwischen die Schiffsreihen des Segelschiffhafens. An langen Dükdalbenreihen hatten sie festgemacht, Dreimaster, Vier- und Fünfmaster, Schoner, Barken und Vollschiffe, schlank, luftig und hell.

Da wurde der alte Freund lebendig: „Könen Se sick en betern Anblick wünschen? Wat fünd dat doch for stolze Fohrtüüg; dor mut eenen jo dat Hart opgahn." Er zeigte und beschrieb uns jedes Schiff, machte uns auf die schlanken Formen aufmerksam, auf die Höhe und Zahl der Masten —: „Da, das ist die Potosi, Laeisz. Der erste große Fünfmaster — sailt wie de Deubel! Unter Kap'n Hilgendorf hat er ein paar Rekordreisen gemacht. Hilgendorf, de verstunn sien Kram. — Ist von Chile gekommen, löscht Salpeter. Das da ist ne französische Bark, — de kann flegen as ne Duuw — hat aber ne schlechte Reise gehabt, 190 Tage von Ostindien. Da, das ist die Preußen. Auch Laeisz, das größte Hamburger Segelschiff, fünfzig Mann Besatzung. Sie nimmt Ballast ein. Soll nach Neujork und Petroleum laden für Australien, dort Steinkohle einnehmen. Es ist ein neuer Versuch." — So gab er Auskunft über die Schiffe.

Hier und dort blähten sich trocknende Segel lose zwischen den Raaen, und jedes Schiff war umlagert von einer Schar von Leichtern, Schuten und Oberländer Kähnen. Überall schwebten Ballen, Fässer, Säcke in der Luft; die Winden bewegten sich auf und nieder, drehten sich, schlugen wieder zurück und setzten Ladung ab oder holten sie ins Schiff. Pfiffe erschallen überall, ihnen folgend ziehen die Winden an, dann ein paar Hantierungen der Schauerleute und es ergießt sich eine Tonne Korn in den untenliegenden Kahn, oder große Fässer tauchen geräuschlos in die Ladeluken.

Die Dükdalbenreihen mit den Segelschiffen sind von langen Kaimauern umschlossen. Dort liegen Dampfschiffe und Segler und löschen und laden nach beiden Seiten. Die Krähne an den Kais sind in ununterbrochener Bewegung; sie heben und senken ihre Last, drehen sich, senken und heben ihre Last wieder und drehen sich wieder. Geräuschlos fliegen die Schuten-

winden auf und nieder, drehen sich innenbords und außenbords und laden oder löschen die Fracht von Schiff zu Schiff. Die Schauerleute hantieren dazwischen, die Ewerführer suchen Raum für ihre Schuten, qualmende Schlepper kommen und gehen mit Frachtfahrzeugen, mehr und mehr Güter den großen Schiffen zu entnehmen, mehr und mehr Güter aufs Neue in die Schiffe zu verfrachten. Schleppzüge setzen sich in Bewegung, ihre Lasten stromaufwärts zu bringen. —

„De Ewerföhreree is jo mien Geschäft, un in dit Gewöhl von Schuten und Stückgood und Frachtgood und Massengöder föhl ick mi to Huus — aber ganz genau kenn ich mich doch nicht mehr aus," meinte der alte Freund. „Alles is groot, groot un grötter worden: die Schuten, die Schiffe, der Hafen, die Kais und vor allen Dingen der Verkehr. Da wird so 'n Oberländer Kahn geschleppt — de rode dor — 1000 Tonnen Getreide hat er an Bord, von Rußland kommt es. Bis zu 1300 Tonnen Laderaum haben die großen Kähne. Natürlich Eisen. De kenn man fröher überhaupt nich. Fahren in großen Schleppzügen die Elbe hinauf ins Binnenland hinein. Ihre Massengüter sind natürlich Steinkohle, Getreide, Kaffee, Zucker. Sie löschen ihre Güter direkt von Schiff zu Schiff und sparen die Kaikosten, die die Massengüter nicht gut vertragen. Steinkohlen und Koks von See her sind im letzten Jahre rund 34 600 000 Doppelzentner eingeführt, — Kaffee bieläufig rund twee un ne halbe Million Doppelzentner. Im ganzen sind im letzten Jahre rund 44 000 Oberländer Kähne mit 3 600 000 Tonnen Ladung bergwärts und 52 000 Kähne mit 3 700 000 Tonnen Ladung talwärts in Hamburg abgefertigt worden. — Augenblicklich liegt die Elbschiffahrt still. Toveel Jis in de Elw. Von Entenwärder gehts in großen Schleppzügen ins Binnenland hinein. Ganz boben rop, bit Östèrriek, un mienthalben noch wiider. Mit de Landgeographie heff ick mi nich veel affgewen." —

Die Barkasse hatte den Strom gekreuzt und zwängte sich durch den Baakenhafen, während der alte Herr erzählte. Hellgraue Woermann- und Ostafrikadampfer lagen im Sonnenschein und mennigrote Oberländer Kähne. Schneeweiß drängte sich das Eis dazwischen, und über dem Rahmen der lang sich streckenden dunklen Schuppenhöhlungen leuchtete der blaue Himmel.

Arbeit, Bewegung, Leben überall. Die Sonnenstrahlen treffen plötzlich helle, durch die Luft sausende Baumwollenballen hier und blitzen dort wieder aus den Kajütenfenstern; blanke Messingteile leuchten auf, und golden ergießen sich Getreideströme in die roten Kähne. — Plötzlich hat die dunkle Schleuse uns aufgenommen, und das farbenprächtige, leuchtende, arbeitsfrohe Winterbild ist verschwunden.

Bei Entenwärder gings auf den Elbstrom hinaus. Alles war Ruhe hier. Die Elbbrücken überspannten schlank die Elbe, hinter ihnen stand blutrot im Rauch und Qualm des Hafens die Sonne. Große Eisblöcke waren die Brückenpfeiler. Knirschend schob sich der Strom zwischen ihnen hindurch und mit ihm unsere Barkasse.

Schweigend und leblos lagen Seeschiffe am rechten Elbufer, am linken Ufer Reihen von Leichtern und Frachtschiffen, eingefroren und beschäftigungslos. Qualmend kam uns ein Schleppzug elbaufwärts entgegen, er rührte sich kaum vom Flecke. Näher kommen wir der großen Dunstwolke über dem Hafen, vereinzelte Pfiffe durchschneiden wieder die Luft. Plötzlich ist die Luft wieder mit ihnen erfüllt. Quer vorm Amerikahöft lag der eben angekommene Viermaster; seine Schlepper suchten ihn zu drehen und hüllten alles in ihren schwarzen Rauch, der sich wundervoll spiegelte in den Wasserlücken, die sich zwischen den treibenden Eisschollen bildeten.

Ein Blick in den Hansahafen zeigte Reihen von Südamerikanern, Kosmos- und Australdampfern, ladend und löschend.

Vorn ein Kapdampfer hatte vom Kai abgebäumt; von Kohlenschuten und Dampfwinden umgeben, nahm er seine Kohlen ein. Ein Gang Arbeiter in den Schuten schaufelte Kohle in Körbe, Pfiffe schwirrten, Dampfstöße zischten von den Winden auf, und ununterbrochen sausten die Körbe durch die Luft auf und nieder; ein feiner Schleier von Kohlenstaub legte sich über Schiff und Eis.

Unser Jollenführer II zwängte sich wieder durch den Hafeneingang mit seinem unverständlichen Gewirr von Schleppern, Kähnen und Barkassen auf den Strom hinaus. Der alte Ewerführer nickte verständnisvoll: „Jo, jo, de sünd ook öberall. Wat is dat blot forn Betrieb worden!"

Eine Anzahl grüner Fährdampfer hatte sich am Hafeneingang zusammengefunden und strebte nun wieder auseinander: zum Grasbrook, Baakenhöft, Hansahafen, Hafentor, oder als Jollenführer die im Strom liegenden Schiffe

aufzusuchen. Lustig war die grüne Farbe auf der Eisfläche anzusehn. „Kleine Havarien sind bei einem solchen Betrieb wohl nicht ganz zu vermeiden", meinte unser Führer, „kosten aber Geld. Viel Geld sogar. 7000 Kastenschuten, Schlepper, Barkassen, Kähne, Leichter und Personendampfer sind im Hafen beschäftigt. Wir müssen uns schon gute Leute als Führer für unsre Dampfer aussuchen. Jetzt haben wir ein Prämiensystem eingeführt, für die Führer, die die wenigsten Havarieschäden haben. Das arbeitet besser, als das alte System der Strafen. So was ärgert die Leute nur, und sie sollen frisch und willig auf dem Posten sein. 57 Schraubendampfer und ein Radkasten ist unser Schiffsbestand. Ja, sie fahren auch während der Nacht. Stündlich. Den größten Anspruch an den Betrieb stellt natürlich die Arbeiterbeförderung morgens und abends. Der Tagbetrieb geht ununterbrochen in allen Richtungen alle zehn Minuten. Die sechzehn stärksten Dampfer haben Dampfspritzen an Bord und stehen im Fall eines Hafenfeuers sofort der Feuerwehr zur Verfügung. Nachts auch, natürlich. Da müssen immer einige unsrer Führer leicht zu erreichen sein — —" Die Worte gingen unter in dem Geknatter der pneumatischen Werkzeuge.

Am Reiherstieg.

Auf den beiden Schwimmdocks lagen zwei große Dampfer. Einen neuen Steven erhielt der eine; er lag von Gerüsten umgeben wie ein gefesselter kranker Riese mit gewaltigen Löchern im Körper, und eine Schar von Arbeitern krabbelte hämmernd, schlagend, bohrend und nietend darauf herum. Die Luft war angefüllt mit dem scharfen Geknatter und Gerattel, anschwellend und wieder abschwächend. Auf und niederrollend sprang es plötzlich vom Dock zur Linken auf das Dock zur Rechten über, verlor sich zu der Dock- und Schiffsmasse von Stülkens Werft hinunter und kam wieder zurück, ganz nahe, gellend und ohrbetäubend — gerade als man eine Bemerkung machen wollte. Der Mark und Bein erschütternde Warnungspfiff eines Schleppers, der mit Kohlenschuten im Tau aus dem Reiherstieg kam, zerschnitt den Lärm, andre Pfiffe antworteten, auch unsre Barkasse kreischte zweimal mit ihrem dünnen Stimmchen dazwischen, gewissermaßen um den Spektakel voll zu machen, und aus der nun folgenden Stille heraus wuchs wieder das die Luft erschütternde Geknatter und Gerattel.

Große phantastische Massen bildeten die Docks mit den hoch und trocken darin liegenden und den daneben vertauten schwimmenden Schiffen. Mit den dahinter aufsteigenden schwarzen Werkstätten und den mächtigen qualmenden Schornsteingruppen. Die Reiherstiegwerften, Stülkens Docks, Brandenburg schließen sich zu immer neuen gewaltigen Gruppen zusammen, überragt von dem mächtigen Krahn von Blohm und Voß.
Passagierdampfer, Segelschiffe, Frachtdampfer, Küstenfahrer und Fischdampfer liegen da in buntem Gemisch. —: „De dor, de gehört de Südamerika-Linie; bekommt neue Deckbauten. Das ist Milos, Kap'n Erichsen, hett n grotes Füer an Bord hatt. Das ganze Vorderschiff ausgebrannt, Vordermast geschmolzen und verbogen. Decks auseinander geborsten. Maschinenraumschotten haben dicht gehalten; ist unter eigenem Dampf, ein halbes Wrack, nach hier gekommen. Dor, dat is Woermann, Afrika. Ward överhoolt und kriegt frische Farw. Die italienische Bark da drüben hat Havarie in der Nordsee gehabt. In der Elbe aufgelaufen, hat Plattenschaden — —"
So lagen sie gruppenweise. Jedes Schiff interessant, interessant und voll Neuheit jede der darauf verrichteten Arbeiten. Am fesselndsten aber waren die Gruppen in ihrer Mächtigkeit, ihren Farben, der Düsterkeit der rauchgeschwärzten feststehenden und schwimmenden Gebäudemassen mit den Rauch- und Qualmwolken, den zischenden Dampfstößen und den Rippen und Gerüstnetzen von Schiffskörpern auf den Helgen. —
Von Blohm und Voß erhob sich ein langer, lauter Pfiff, er wurde aufgenommen von anderen Dampfpfeifen. Mehr und mehr Pfeifen, schrill oder tief im Ton, schlossen sich an; einen Augenblick war die Luft über Steinwärder erfüllt damit — dann Ruhe. Auch der Lärm der Arbeit hatte aufgehört. Ganz ruhig war es plötzlich geworden. —
Über die Uferstrecken, Brücken, Fähranlagen, Anlegepontons ergießt sich ein nicht enden wollender Strom von Arbeitern. Fährdampfer und Barkassen, bepackt mit Arbeitern, drängen sich plötzlich um uns herum. Zu zweien, dreien, vereinzelt und in Gruppen wieder — alles drängt zum anderen Ufer hinüber, zur Stadt, nach Hause. Das Tagewerk ist getan. —
Feierabend. —

Hinrich und ich standen vor dem altmodischen Gebäude aus geschwärzten Ziegelsteinen.

Die Fensterrahmen sind weiß gestrichen, hinter den blinkenden Scheiben leuchten Blumenstöcke in bemalten Blumentöpfen hervor. Weiße Gardinen verbreiten den Eindruck von Sauberkeit. Die Haustreppen sind weiß gescheuert, und aus der Haustür zieht uns leiser Seifengeruch entgegen. —

Das ist das Seemanns-Witwenhaus.

Eigentlich habe ich Hinrich schon mein Leben lang gekannt, doch fand ich ihn kürzlich in Altona wieder. Er hält die Buchschreiberei für ne Dummheit. Darin gab ich ihm natürlich recht. Er sah mich mit Seemannsaugen an, die etwas dwars vom Schiff zwei bis drei Seemeilen weiter entdecken können als die von uns anderen, und meinte dann trocken: „Jä, ober de Kroom mut doch langwielig sien — un verdeenen deihst Du ook nix damit. —" Er war auch sonst nicht leicht einzufangen. Er meinte: „Jä, de ollen Lüüd sünd jo dood," — er selbst ist zweiundsiebzig Jahre alt, — „de noch leewt wöllt von den ollen Kroom nix mehr weeten. Dor sünd jo Kapteins genog, und de vertellt ofn Barg, wenn se tosoom sitt und Du jem dornoh frogen deihst — — — — will di mol wat seggen, wie könt hüt jo mol na mien olle Fro Kaptein gohn und se besöken.

Jck und söben annere sünd domols rett worden, de Kaptein und de annern sünd blewen. Jck besök de Fro Kaptein aff und an; Du mußt man töben, bit ick mi en beten torecht richt heff, lang duurt dat nich."

Die Kapitänsfrau ist seine verehrte Freundin während eines Menschenlebens. Kein Stäubchen ist auf seinem Rock, wenn er sie besucht. Es ist sein Kirchgang. —

Wir traten ins Zimmer. „Goden Dag, Fro Kapteinin, un ick heff ok n Fründ mitbrocht."

„Goden Dag, Hinnerich, na dat is mi man leev, dat Du komen büst und Dien Fründ mitbrocht hast, — töw, ick will uns gau ne Taß Kaffee maken. Wiin kann ick juh nich anbeden. Fröher wenn jüh von de Reisen den gooden utländschen Wiin mitbrochten, dor kunn ick noch beweerten. — Mein alter Hinnerich hier, hat mir später von jeder Reise ein kleines Fäßchen Wein mitgebracht; — de hett mi ook frisch hollen, mien leewe Hinnerich. So jeden Dag en lüttjes Glas; un dorbi dach ick an minen Mann, un an Di ook, Hinnerich, un an de letzte Reis de jih tosoom maakt hefft." —

„Ja, Sie sehen sich das Bild an — das war das Schiff von meinem Mann, darauf hat er auch seine letzte Fahrt gemacht, das war die Bark Johanna. Hinnerich ist dabei gewesen. Ick seh noch hüt den Dag vor Ogen, wie jüh dor flott utsailn dehn; un Dien Stimm, de schull hell över den Gesang, Hinnerich. Du hest ne schöne Stimm hatt."

Sie holte ein Daguerrotypbild in einem Etui hervor: „Das ist mein Mann!" „Jo," sagte Hinrich, „dat is de Kaptein."

Wir sahen schweigend das Bild an; ein starkes Gesicht mit sanften Augen, ausrasiertem Kinn und glattrasierter Oberlippe.

Kinderlachen und Fröhlichkeit, vermischt mit dem Pfeifen und Tuten aus dem Hafen zog in die offnen Fenster herein, auf die blühenden Geranien hinter den Gardinen fiel der Sonnenschein.

„Ja, das ist vor vierzig Jahren aufgenommen. Über dreißig Jahre bin ich jetzt schon Witwe. Ich heiße auch Johanna, wie das Schiff hieß, wissen Sie, und mein Mann sagte: „Ick weet nich, welke von mien beiden Deerns ick am leewsten heff, — ober nah Di heff ick doch de meiste Sehnsucht." Aber hier am Lande war die Sehnsucht auch groß, bis der Tag kam, der das Schiff einbrachte, en Freudendag!

Dann hieß es sich fein machen. In meinem gelben Schal aus Ostindien, meinem Brautgeschenk von ihm, wartete ich auf das Festmachen. Ach, dat duur gar too lang! Ich konnts gar nicht mehr abwarten, bis er endlich, endlich an Land kam. — Hinnerich, als he dat letzte Mol an Land keem, hest Du em rudert, weest Du noch?" — „Jo, ick weet. Und Se gewen mi

de Hand un fäden: Stürmann, bring em mi jedes Mol so forsch und gesund wedder. — Dat säden Se."

„Jo, jo, he geef grote Stücken op Di — un Di vertroot ick em am leewsten an — —."

„Wir waren damals alle junge Seemannsfrauen, und brav haben wir uns gehalten, wenn die Schiffe hinausgingen auf die weiten Reisen. Hüt de Mann von de een un morgen de Mann von de annere. Wenn wir allein saßen, dann dachten wir an Stürme und Gefahren. — Ja, Gottvertrauen hatten wir zu lernen. — Hinnerich, ji Mannslüd weet dat gornich, wie ne Fro sick for juh sorgt un bangt." Hinrich nickte mit dem Kopfe, aber ein leises Zwinkern war in seinen Augen — er hat so seine Seemannsgedanken über das Abschiednehmen. — Verheiratet ist er nicht gewesen.

„Ach ja, Monate vergingen, auch wohl n halbes Jahr, bis die erste Nachricht kam. Dann war die schlimmste Zeit überstanden. Dann hörten wir ja, was alles passiert war auf der Reise und von den fremden Ländern und den ausländischen Völkern — aber vor allen Dingen: He weer jo gesund! Wenn dann eine von uns erzählen konnte, nun sei ihr Mann von Valparaiso abgefahren, und wenn er glücklich erst um Kap Horn sei, so könne er in sechzig bis siebenzig Tagen wohl hier sein, dann freuten wir uns alle mit ihr. Glücklich waren wir, wenn keine ihren Mann an der Fieberküste wußte."

„Ja, schnelle Reisen hat mein Mann ja wohl mit seiner Bark Johanna gemacht — aber was nützt mir das, wenn lange achtzehn Monate eine schnelle Reise ist — und zwei Jahre hat es auch wohl mal gedauert, bis er wieder in den Hafen kam — eenmol sogor dree —: glöben Se mi, Herr, en Seemannsfro kriegt ehre eegenen Ansichten öber de Grötte von uns Welt — —."

„Jo, so wöör dat," sagte Hinrich, „un ick glöw, uns Kaptein weer vernarrt in sien Schipp, oder in de letzten Wochen denn säh he doch däglich to mi: Stürmann, nu heff ick mi dat ganz genau öberlegt, ick will nu ook man n Damper fohren. Dat is doch n annern Krom, man kummt doch mol wedder no Huus." — „Hett he dat seggt, Hinnerich? — Ach ich habe es ja auch oft gewünscht — ober gegen sien Bark Johanna wat to seggen, dat heff ick mi nich troot.

Essen Sie doch noch n Stück Kuchen — Hinnerich lang doch too — den hat meine „Enkelin" gebacken, Doris, die Ostern konfirmiert worden ist. ‚Gau mal bi Großmutter inkieken', heißt es bei alt und jung. ‚Hat Großmutter schon probiert?' Hinnerich, denk Di mol an, neulich keem de lange Hans, de nu op Stüürmannsschool is, un broch mi Aalsupp — jo, de grote Jung, ganz glücklich keem he mit den Putt, un ganz rode Backen harr he vor Freud." — —

„Nein, eigene Kinder habe ich nicht gehabt. Aber die anderen Seemannsfrauen haben ja welche, und die gehören mir ja auch. Hinnerich, Du gehörst ook dorto!

In den schwarzen Tagen, als mein braver Hinnerich zu mir kam, — da kamen auch die kleinen Kinder der anderen Frauen, und seitdem sind sie auch meine Kinder geblieben. — Ach, eenige dorvon koomt ook niemols von de Reis torüg, ober denn weer dat jo man good, dat ick dat Trösten all lehrt harr. — — Ober de anneren de sünd fixe Kerls! de Jungs sünd Kapitaine und Maschinisten. Sie nennen mich Mutter und tanzen mit mir wie mit ner Puppe im Zimmer herum. Und die Deerns sind Frauen jetzt und Mütter von angehenden Seeleuten. Und auf allen Hochzeiten muß ich dabei sein. Mein Brautgeschenk, meinen gelben Schal, muß ich umbinden, und auf den Ehrenplatz muß ich mich setzen. — Ich war ja die erste Witwe von all meinen Freundinnen, aber doch glaubt jede, daß ihr Kind nur dann ganz glücklich wird, wenn „Großmutter" in ihrem gelben Schal neben ihr vor dem Altar sitzt — — — ach, dat is jo ne Dummheit, aber — Sie sollen ihn doch mal sehen, he is dat Bruutgeschenk von mienen Mann — — —."

Als wir nach dem Abschiednehmen die Tür öffneten, da blähten sich die Gardinen, und leiser Teergeruch aus dem Hafen von den naheliegenden Ewern und Liegeschiffen zog mit dem Windhauch ins Zimmer herein. Ein Sonnenstrahl fiel auf den gelben Schal — — —.

„Adjüs ook, Hinnerich, kumm recht bald mol wedder, hüüt heft ji mi ne rechte Freud maakt." Hinrich nickte mit abgewandtem Kopfe.

Dann gingen wir schweigend an den Vorsetzen entlang.

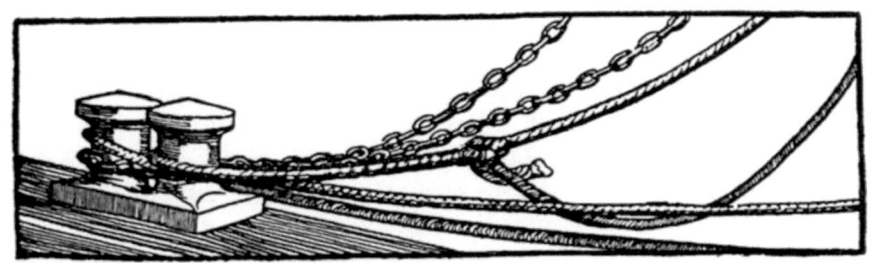

Auf der Potosi wird die Mannschaft abgezählt.

Der erste Steuermann mit der Liste mittschiffs: „Koomt mol all her! Ji dor, seggt de Lüüd achtern bescheed. — Antreten!

Johann Langbehn, Stúúrbordwach — Hier.

Hinrich Classen, Backbordwach — Hier.

Hans Siemsen, Stúúrbordwach — — — Hans Siemsen?" —

„Dor boben is Siemsen, besleit den Groot-Ráuel" — „So, dat is he, un wer is de Annere?" „Timm heet de." „So, also Hans Siemsen (is dor), Fritz Wohlers, Backbordwach" — Hier. Und so geht es weiter; der Segelmacher fehlt noch.

„Siso," — endet der Steuermann, „Fierobend. Erste Wach morgen fröh Klock Söß antreden. Ob Stúúrbordwach oder Backbordwach antreden deit, is mi egol — Aber sechs Uhr präzise!!" —

Die Ladearbeit auf dem Schiffe geht ruhig weiter. Polternd und unter scharfem Knallen und Schnappen der eisernen Ladekästen lassen die Krähne die Ladung in die Luken fallen, die Schauerleute schaufeln unter den Decks, der Stauer hat seine Augen überall — hat aber auch im Laufe des Tages recht viel Staub der Koksladung geschluckt und ruft mit Donnerstimme in die Luken: „Ausscheiden! ne halwe Stünn Vesper!" Es muß bis spät in die Nacht hinein gearbeitet werden, morgen muß das Schiff zum Ausfahren klar sein. —

Die Frau des Kapitäns hat blühende Pflanzen in den Ständern des Kartenzimmers geordnet und bedeckt nun mit gestickten und gehäkelten Decken Kissen und Sofalehnen. Sie berührt alle Gegenstände noch einmal; halb in Gedanken verloren, halb in dem Bewußtsein, sie zu ordnen. Der Kapitän sitzt im Salon mit den Leuten zusammen, die gekommen sind, die letzten Aufträge zu geben, die letzten Formalitäten zu beenden, Aufträge für morgen früh entgegenzunehmen oder noch ein paar Vertrauenssachen über die mögliche Geschäftslage in Chile und das danach einzurichtende Verhalten des Kapitäns zu besprechen und zu erwägen. Papiere werden unterzeichnet, Notizen gemacht. Endlich geht Besucher auf Besucher, und immer wieder schallt der Wunsch: „Na glückliche Reis, Kaptain," begleitet von einem kräftigen Handschlag durch den Salon.

In die Kabine des Kapitäns läßt uns die Frau noch einen Blick tun; sie ist blitzblank und sauber, wie nur fürsorgliche Frauenhände sie gestalten können, mit Stickereien, Photographien und Blumen geschmückt. Dann, endlich, ist auch der letzte Besucher gegangen, und das letzte Gespräch mit dem Steuermann beendet. Auch für den Kapitän ist Feierabend, — sein letzter Abend mit seiner Familie für eine lange, lange Zeit.

Er geht Arm in Arm mit seiner Frau den Kai hinunter; von gleichgültigen Dingen reden sie, das kommt daher, weil die Herzen zu voll sind.

Bis auf die Wache hat die Mannschaft das Schiff verlassen, die letzten paar Stunden des Abschiednehmens sind gekommen. Grauer Staub der Koksladung hat das Schiff überzogen; schmutzig mit halbbeschlagenen Raaen zerrt es leise an den Stahltrossen.

Morgen wird es frei sein. —

Die Abendsonne vergoldet den Hafen, und spiegelglatt liegt das Wasser. Grüne, kupferne Schiffswände spiegeln sich und mennigrote Schiffskolosse. Eine dunkle sich tiefgrün spiegelnde Dükdalbengruppe wird plötzlich von dem Silberweiß einer dänischen Bark umflossen, und leuchtend blau mischt sich der Farbenfleck einer Schutenwinde unter das Schwarz und Dunkelgrün der Kohlenschutengruppe. Das entfernte Schnappen der Ladekästen vergrößert noch die Stille; vom Segler drüben an der Dükdalbenreihe schallt eine Harmonika herüber. Sechsmal schlägt die Glocke auf dem Kosmosdampfer an, doppelt sechsmal folgt das Echo von den beiden Kapdampfern, kaum noch vernimmt das Ohr die letzten paar Schläge von dem Australdampfer drüben am Oswaldkai. Über dem Strom, in dem aufsteigenden Qualm

und Dunst, färbt die Sonne sich leise dunkelrot; in dem breiten Lichtreflex schaukelt ein Fischer in seinem Boot, und glänzend grün ragen die Kirchtürme über die in ihrer Müdigkeit und Ruhe feierliche Stadt. —

An einem solchen Abend tippte mich Hinrich leise mit dem Daumen an — das ist so seine Art, wenn er sprechen will. — Er öffnete den Mund, und dann besann er sich, fingerte in den Taschen herum, brachte ein Stück Kautaback zutage und schloß damit den Mund wieder. — Die Bemerkung unterblieb, doch seine Augen sahen mit dem Blick ruhiger Sicherheit umher, den nur lange Gewohnheit und langer Besitz verleiht — dem Blick, den für den Hafen nur die Leute von der richtigen Wasserkante haben. Was er sagen wollte, war: „Hüt is veel los in n Hoben!" Das schließt alles ein: Wetter, Schönheit, Arbeit, Schiffe. Sonst heißt es einfach: „Hüt is nix los in n Hoben", und das heißt alles andere, und jeder kann sich dabei denken, was er will, — aber jedesmal trifft dies eine oder das andre den Nagel gerade auf den Kopf: es ist irgend etwas nicht richtig, und das fühlt und versteht jeder, ob er als einzelner in einer Gruppe auf dichtbepacktem Schiffe an die Arbeit fährt, oder müde und schmutzig davon zurückkehrt —: Im Hoben is trotzdem „nix los". — —

Heut abend aber ist es köstlich im Hafen.

Was die Natur auf der weiten Erde erschaffen hat, was Völker erdacht, kultiviert und geerntet haben, das füllt die endlosen Schuppenreihen bis auf den letzten Platz. Die Tausende von Maschinen, die Hunderttausende von Händen, die nötig sind, diese gewaltigen Gütermengen heranzuschaffen und zu bewegen, sind zur Ruhe gegangen, das verwirrende Hafenleben hat einem fast lautlosen Frieden den Platz geräumt. Die Verzauberung des Nach-Sonnenunterganges setzt ein, und der Hafen verwandelt sich in ein Märchenland. — —

Hinrich fängt an sich für das Buch zu interessieren. „Uns Boot" nennt ers, und aus freien Stücken bringt er Neuigkeiten. Es ist da eine kleine Wirtschaft an der Wasserkante. Die verschiedensten Leute aus dem Hafen finden sich dort zusammen, und man kann die sonderbarsten Meinungen hören; aber eine Meinung nur herrscht dort über das Getränk: Grog. „Mi en Grog, Cordel, nich too flau, mi sitt de Küll in de

Knoken" — das ist im Januar. — „Is dat ne Hitt! En Grog, Cordel, stark; — Hitt mut Hitt verdriewen!" — das ist im Juni.

Der alte Freund ist Hauptperson am runden Mitteltische; seine dröhnende Stimme ist der Grundton in dem Stimmenwirrwarr. „Goden Dag, Herr," begrüßt Hinrich den alten Herrn, dann schiebt er sich etwas verlegen lächelnd zwischen den Stühlen durch: „Du, segg mol, worum ick herkomen bünn, dat is, hüt geit de Potosi ut. Is dat nix for uns Book?"

Jo, Hinrich, dat is wat, — Wat drinkst Du? „Na, en Grog is woll immer noch dat solideste — Du kennst doch den Kaptain?"

„Hett se enigermoten Lodung?" fragt die dröhnende Stimme über den Tisch. „Já, veel ward dat woll nich sien," meint Hinrich, „se hett veel Ballast."

„Ladung? Potosi? Warten Sie mal — ja, sie hat 2000 Tons Koks, 1000 Tons Ballast," gibt jemand vom Nebentisch Auskunft.

„Tweedusend Tünn Koks," der alte Freund pfeift leise —, „na dat is beter als ganz in Ballast. Nah Chile?" — „Ja, ladet Salpeter, daran ist augenblicklich auch nicht viel Fracht zu verdienen" (vom Nebentisch wieder).

Von hinten her schallt eine laute Stimme: „Ich sage Ihnen ja, Kaffeebohnen quellen um das Doppelte ihrer Größe, wenn sie naß werden. Da ist eben nicht viel zu machen — die Ladung quillt und biegt die Decks und Planken auseinander." — „Also ganz verloren," spricht jemand dagegen, „in Bahia? Bei der Einfahrt?"

„Jo," sagt der alte Freund zu einem blonden Riesen am Tisch, „de Südamerikalinie hett siet Johren sünst rechtes Glück hatt — kennen Se de Cap Frio, de bi Bahia sunken is, Kaptain?" Der Blonde nickt und rührt im Glase: „Drei Reisen habe ich als zweiter Steuermann mit ihr gemacht. Neues weiß man ja noch nicht; die Einfahrt in Bahia ist schlecht. Große Felsen liegen im Fahrwasser — ich wundre mich ob sie wohl bei Nacht eingelaufen ist. Ich bin gern auf der Cap Frio gefahren ———."

„Negentig dusend Sack Kaffee hett se an Bord hatt, föfteindusend Sack, glöw ick, hefft se borgen," antwortet der Alte. Zu gleicher Zeit sagt Hinrich zu seinem Nebenmann: „Jo, veer und veertig Mann Besatung hett de Potosi; se mokt n Barg Arbeit, de groten Sailscheep, — ick harr keen Lust mehr dorto!"

„Südostwind, sie hat gutes Wetter zum Ausfahren, gibt ihren Schlepper wohl schon vor Helgoland ab" —. „De ünner Sail, dat weern Bild for Se Molermeister," spricht die dröhnende Stimme. „Ja, segeln kann sie; 6000 qm Segelfläche," spricht die Stimme wieder vom Nebentisch —.

„Halloh. Kaptain, Se hett man jo lang nich to sehn kregen! Immer noch munter? Komen Se her, wi rückt en beten tosom" — „Danke. Nee, 't will nich mehr so recht, de Fööt wölt nich mehr — ick nehm n Grog, Cordel, ober man flau — den Deenst heff ick ook opgeven." „Na, zweiundzwanzig Jahre sind Sie nautischer Sachverständiger gewesen, Herr Kapitän, da haben Sie auch mal Ruhe verdient" — —. „Meinen Sie? Na, dann töben Se man, bit Se ook sowiet sünd, denn denken Se anners öber dat Nixdohn! — Sieh dor, Bernhard," — zum Blonden — „immer noch Brasildampfer?" — „Nein, Levante —." „Richtig, na gratulier auch vielmals, Du bist jung zum Schiff gekommen, — büst ook n Kerl danah" — „Danke Ihnen Kaptain." Hinrich wendet sich freundlich an den alten Herrn: „Hemmn Se all wat Genaueres öber de Palmyra hört? — de is woll ganz verloren? Ick harr n Fründ an Bord — —" „Ne, Hinrich. Ick heff ook n Neffen an Bord hatt — — ick fürcht, mien arme Swägerin hett nix mehr to hoffen. — Söstein Mann von de Besatzung sünd woll verloren. 'N Damper von Puntas Arenas mit den Kaptain, de rett is, an Bord is ut to söken. Glöw nich, dat se Glück hefft — mi is dat bannig leed um den Jungen, he weer n goden Jung, Hinrich" —.

„Kaptain, kennen Se de Stell, wo de Cap Frio oplopen is?" dröhnt die Stimme über den Tisch. — „Jo, good. Dat is deselbe Felsen op den domols de Germania strand is. Weer domols als Sachverständiger rut=schickt — dat wöörn Tiden! — acht Wochen hett de Komission seten, meistens hett se fröhstückt, — de beste dänsche Botter, dat beste Fleesch von de Lodung; — keen Kist Beer heff ick heel to sehn kregen. 800000 Milreis hat die Kommission gekostet! Gornix kunn wi maken, se stolen uns de Soken unner de Finger weg."

„Jo n Stücker tein Mol bün ick um t Horn komen." — —

„Sie müssen direkt auf die Felsen von Wellington Island gelaufen sein. Viel unsichtiges Wetter." — —

„Daglang hollt een de Wind mitunner dor torüch, nich von de Stell to kamen. Dorto de starke Strömung ut de Magelanstraat." — —

„Dummes Tüg! Wat wölln Se denn mit den natten Kaffee anfangen? — Inplanten villicht?" — „Also Schiff und Ladung verloren — Selbstversicherung?" —

„Natürlich Hilgendorf!" — „Und ich sage Ihnen, den Rekord über die schnellste Rückreise hält Nissen, der jetzige Kapitän von der Potosi — wat nützt all dat dogegenan schnacken."

Hinrich tippte mich leise an die Schulter: „Jä, wat meenst Du?" — Jo, Hinrich. — —

Grog mit Maß getrunken ist ein gutes Getränk. Er spült den Staubüberzug des Alltags fort und läßt uns wieder eins fühlen mit den besten Stunden unseres Lebens. So fühlten sich auch die drei alten Herren, mein alter Freund, dessen ganzes Leben dem Hafen gehörte, der alte nautische Sachverständige Kapitän Soost, der in zweiundzwanzigjähriger Dienstzeit Menschen und Dinge des Hafens kennen gelernt hatte, wie kaum ein zweiter, und Hinrich, dem das Wesen der See und die Luft der See nicht aus Auge und Art weichen wollte.

„Wi wölt uns man n beten opfrischen un denn köönt wi Ihnen jo n beten bi dat Book helpen — — — verfluchte Dummheiten ward manchmol öber den Hoben toecht schrewen." So saßen wir auf dem Fährdampfer. — —

Ja auf dem Fährdampfer sitzen wir, und ganz anspruchslos sitzen die drei alten Freunde da und machen ihre Bemerkungen, aber — was geht mit

dem Hafen vor sich? — Die drei sprechen ja förmlich mit ihm wie mit einem Menschen — sie hören auf ihn, sie blicken ihm in die Augen. — —

„Hüt is doch Dingsdag, — noch keen von de französchen Wochenbööd hier, komt doch gewöhnlich all morgens" — „Hefft ook woll ehre Last, Frachten tosoom to krigen, nu dat öberall so flau is" kommt die Antwort. „Weten Se, Kaptain, de Dinger seh ick nich gern," er zeigt zum großen Krahn am Kaispeicher hinüber, der landwirtschaftliche Maschinen aus dem Grimsby-Dampfer hebt. Das Ufer ist bepackt mit englischen Lokomobilen und Dampfpflügen. — „De seh ick nich gern; — wi möt jem dat woll nich nohmoken könen — —." „Könt wi woll nich, ober wi verdeent de Fracht; de Maschinen goht meistens per Bohn in t Utland," ist die Antwort des Sachverständigen.

Die Luft am Strandhöft ist erfüllt mit dem Geruch von Häringslake. Dänische, schwedische und englische Schiffe löschen an den Kais. — „Vollhäringe. De Matjeshäringe komt fröher, Ende April, Mai." — „Süh dor, Kaptain," schallts vom Strandhöft herunter, „wollen Sie uns mal wieder n büschen besuchen?" — „Goden Dag, Inspector, nee; wat liggt woll im Baakenhoben?" — „Genau weet ick nich. Ein oder zwei Levante-Dampfer; gestern ist Hans Woermann gekommen, — ja, richtig, der Feldmarschall von der Ostafrika liegt da." — „Wat hemm n Se denn?" — „Häring, nix als Häring." — „Na adjüs denn, plegen Se sick." —

Der Fährdampfer biegt um die Dükdalbenreihe im Strom. An ihr liegen seit Monaten Segelschiffe vertaut, die von neuen Reisen träumen. Mißmutig liegen sie mitten in dem um sie herumsausenden Hafenleben, ziehen wohl mal an den Tauen und Trossen und heben und senken sich leise seufzend, und sehnen sich, die Brust in die grünen Wogen zu tauchen und mit den weißen Wellenköpfen sich zu balgen. Wie zum Hohn schrillen die Dampfpfeifen sie an. Der unaufhörliche Rauch und Ruß aus den Schlepper- und Fährdampferschornsteinen überzieht sie mit einer grämlichen, dunklen Schmutzschicht.

Hinrich tut das Herz weh über das Aussehen der sonst so sauberen und blitzblanken Segler. Auf die Bark mit der Gallionsfigur deutet er: „Een von de fröheren Laeiszschen — heff mol n Reis mit ehr mokt, en feine

Reis! Allens klappte! Bi San Jose fohrten wi nördlich nach nem Platz um frisches Woter intonehmen, — dat beste Woter dor; süht schlecht un lehmig ut, is ober sehr good, — und um von dor denn nohn Äquator torüg to komen, — ungefähr negen Grod — brukten wi runne fiev un dörtig Daag!" Windstille? „Jo, wi fungen Schildkröten und segen too, dat wi den Ollen nich in de Finger lepen ——." Bevor Hinrich noch auserzählt, war der alte Kapitän schon mitten in einer anderen Geschichte, — einer noch viel besseren Geschichte.

Der alte Bürger, dem eine Windstille kein Begriff ist, liest in dem wirren Schlepper- und Schutenverkehr wie in einem offenen Buche und erzählt die allerschönste Geschichte, die der Hafen dann gleich zum Leben erschafft. — —

Und dann erzählt der Hafen!

Zwei mächtige Krähne dreht er, und vier Ballen Wolle liegen zu unseren Füßen. — „Türkei; — nehmen s' sick in Acht!" Aus den hochaufgestapelten Ballenquadraten heraus umrattelt uns eine Schar Kaiarbeiter mit ihren Handkarren, — vier neue Ballen sausen durch die Luft; — bepackt ratteln die Karren der Arbeiter wieder auseinander.

Der süßliche Geruch von Rosinen, Feigen und Wachs mischt sich mit dem herben Geruch der Gerbstoff-Eicheln in dem dunkelnden Schuppeninnern; Gerüche aus der Türkei, Palästina, Smyrna. Der palästinische Wein liegt reihenweise in großen Fässern, — „Vorsicht!" schallt es wieder. Ein Krahn ergreift eines der Fässer und hebt es spielend in den Eisenbahnwaggon — zi—i—itsch, macht der Krahn: „mit di hett de Hoben nix mehr to dohn" — dreht sich, ergreift ein neues Faß, hebts, setzt es ab und macht wieder zi—i—itsch! „Nut mit juh! Platz moken for annere Lüüd!" Die kommen schon. Ein Krahn ergreift sie, mächtige Eisenbündel, und kracht sie donnernd auf den Schuppenboden. Arbeiter rasseln sie mit Handkarren zum nächsten Krahn, der sie packt, in großem Bogen mit ihnen nach außen schwingt und sie schnurrend in die Ladeluken des Levante-Dampfers sinken läßt. „Kleinasien, für die Anatolische Eisenbahn," erklärt der Schuppenvorsteher.

Hochaufgestapelte Gütermengen, in lustigen orientalischen Verpackungen, denen lustiger orientalischer Geruch von Rosinen, Wolle, Fellen entströmt,

umgeben breitgelagerte Mengen von Eisenschienen und Eisenteilen. Wände von aufeinander gepackten Palmkuchen trennen sie von den Massen von Palmkernen, den Reihen von Palmölfässern und den Hunderten von Kollis von Wachs in Palmblättergebinden. Ostafrika! — „Un dornoh rükt dat hier!" sagt Hinrich. Und dann erzählt er, und wir erleben ein Stück Afrika. Wie die Neger die Palmfrüchte sammelten, können wir fast sehen. Er läßt sie die Früchte in kochendes Wasser tun und in Bastmatten ausquetschen und auswringen — das gibt das Palmöl. — „To mien Tied weer Palmoel Tuuschartikel, Geld kennten de Swatten noch nich." — Dann läßt er die Negerfrauen und Kinder die ausgequetschten Früchte zwischen Steinen ausklopfen, um die Palmkerne zu gewinnen, „dorin stickt de eegentliche Wert" — —.

Hinrich spricht plattdeutsch, aber — oil — squeezen — nigger — kernel — kommt im Eifer immer wieder dazwischen. — „Good morning, mister Hinrich," sagt der alte Bürger und nimmt grinsend den Hut ab „How do you do, mister Hinrich? ick dach, Se kunnen blot plattdütsch schnaken".

Im Sonnenschein liegt der Dampfer Feldmarschall vor dem Schuppen; die Gütermengen, die er gebracht, liegen hochaufgetürmt: Piassava in mächtigen Haufen wie aufgestapeltes grobes Heu; Hanf, Ballen an Ballen, Ballen auf Ballen gepackt; Gummi in Sackreihen; afrikanisches Mahagoni in tonsschweren Blöcken und Baumwolle in ungeheuren Ballenmengen. —

Das immerwährende dröhnende Rattern der Handkarren, das Halbdunkel der Schuppen, in das sich die hin- und herströmenden Kaiarbeiter verlieren, der Sonnenschein auf dem hellen Schiffe draußen, die sich immer drehenden dunklen Krähne davor, die Masten mit den vielen lustigen Wimpeln dahinter, — wahrlich, der Hafen erzählt eine mächtige Geschichte von der weiten Welt, die ihm zu eigen, und von den vielen Tausenden von Menschenleben, denen er eine Mutter ist. Wir alle erliegen dem mächtigen Zauber dieser Geschichte.

Hinter der perspektivischen dunklen Krahnreihe blitzt der helle Woermanndampfer. Er hat zu löschen begonnen. Strahlenförmig strömen die Arbeiter mit den bepackten Handkarren über den breiten Schuppenböden auseinander, andre wieder streben den arbeitenden Krähnen mit den um sie her lagernden Gütern zu. Vor unseren Augen wachsen die Güterhaufen aus dem Boden. Bananen und immer wieder Bananen, Kautschuk und Gummi in großen Fässern, Kakao-Säcke türmen sich auf Säcke, und wieder Bananen, Farbholz, Baumwolle, Palmöl. Der süße klebrige Geruch des Wachses von wilden Bienen strömt aus. Wände bilden sich schon — die weite Bodenfläche ist schon nicht mehr zu übersehen, und rastlos rattaln die Handkarren, drehen sich die Krähne, Eisenbahnen rollen zwischen Schiff und Schuppen. —

Auf der Barkasse erzählt der Hafen seine Geschichte weiter: Seht wie sich rund umher die Krähne drehen, immerzu, immerzu; hört den Dampf zischen; hört die Arbeit rollen und poltern.

Spanische Schiffe liegen dort, sie bringen Wein und Früchte. Jetzt fahren wir an den Marokkoböten vorüber: Schaffelle, Melonen, Zwiebeln, Kork. Dort beim Fruchtschuppen löscht und ladet die Oldenburgische Dampfschiffahrtsgesellschaft. Noch ein paar Monate, dann drängen und pressen hier die Gütermengen, Äpfel von Amerika, Bananen von Jamaika und Madeira, Früchte von Australien — ein gewaltiger Strom von Früchten ergießt sich täglich in die geheizten mächtigen Fruchtschuppen. —

Über den Strom saust die Barkasse.

Deutsche, italienische, englische und französische Dampfer löschen dort. Über den Dampfer von Baltimore gehts hinauf zum Schuppen. 45 000 Barren Kupfer, das Stück einen Meter lang und hundert Pfund englisch schwer, sind dort ausgebreitet. 4 500 000 Pfund Kupfer!

Aus den Minen von Texas und Mexiko kommt das Kupfer, den halben Schuppen füllt es aus. Die Arbeit rollt, rattelt, zischt, dreht und schiebt auch hier wie überall. Aus dem engen Beisammensein in den dunklen Schiffsräumen heben die Krähne die Gütermassen in großen Bündeln; unter den Arbeiterhänden zerteilen sie sich und finden sich wieder zusammen nach Bestimmungsland, Bestimmungsort geordnet in den Schuppeninneren — und morgen zerstreuen Eisenbahnen, Lastwagen, Frachtschiffe und Schuten sie in die Welt. —

Zwingender, eindringlicher erzählt der Hafen: Seht die Schiffsreihen, seht die Schuppenreihen, die Krahnreihen, die Mastreihen, die Wimpel und

die flatternden Nationalitätflaggen! Zwängt euch durch die Häutestapel vom La Plata, die Seifenholzgebinde von Peru, die Kokosnußmengen aus Ostasien, die Wollenballen aus Australien! —

Seht ihr nicht wieder die Palmen schaukeln in Afrika? Die Farnen sich wiegen in der Südsee? Seht ihr nicht wieder die ungeheuren Weideländer sich ausdehnen über Australien und die gewaltigen Gebirge Südamerikas in den Himmel wachsen?

Brausen nicht die Capstürme wieder um euch herum, und erdrückt euch nicht wieder die Schwüle der Windstille? Heben und senken euch nicht die langen Wogen wieder des Atlantischen und des Stillen Ozeans? —

Kommt hinein in das Gewimmel des Verkehrs zwischen den Schiffen! Seht, wie sie von Sturm und See zerbissen sind! Seht, wie sicher und stark sie sind! Seht die Menschen auf ihnen, die sie in die fernsten Erdteile führen und sicher wieder zurück. — Seht die mächtigen schwimmenden Bindeglieder mit Brasilien, mit der Westküste, mit Australien, mit Nordamerika — seht sie in endlosen, eisernen, stolzen Reihen — — und dann blickt auf mich.

Wie der Strom sich ohne Ausruhen hebt und senkt zwischen meinen Ufern, so strömt, anschwellend, abschwellend, einziehend, ausziehend das Leben unaufhörlich durch meine Adern!

Ich bin der Hafen, die Heimat, die Mutter von eisernen Kolossen und windbeflügelten Riesen, die täglich ausziehen, die Welt zu erobern, und täglich heimkehren und meinen Schoß mit Schätzen füllen. Und wie der Strom sich ewig und rastlos ins Meer ergießt, so ergieße ich meine Schätze rastlos und ewig weiter in das Leben.

* * *

Die Stahltrossen und Taue werden eingezogen.

Kaum bemerkbar und ganz geräuschlos ist das erste Loslösen des Schiffes von der Kaimauer.

Zum letzten Male grüßt und nickt der Kapitän seinen beiden Kindern zu: „Auf Wiedersehen, Gören, seid brav und fleißig." — Auf Wiedersehen, Vater!

„Glückliche Reise, Kapitän." — „Danke, auf Wiedersehen."

Meter trennen das Schiff schon von der Mauer; der Platz des Kapitäns ist auf der Brücke. Langsam folgt das Schiff dem vorderen Schlepper, langsam öffnet sich eine mächtige Lücke in der Schiffsreihe am Ufer, langsam gleiten die fünf hohen Masten über den Schiffen dem Hafeneingang entgegen.

Die Menschen wandern, schritthaltend, am Kai entlang; Blicke suchen sich und grüßen hinüber, herüber, Hände winken, Tücher flattern. Eine lautlose Gruppe, gleitet das Schiff und seine Schlepper aus dem Hafeneingang in den Strom, und lautlos steht die Menschengruppe am Kai und blickt hinüber.

Noch erkennen die Augen die grüßenden Hände, die geschwenkten Mützen und Hüte — dann gleitet das Schiff an den Kirchtürmen vorüber, an der Stadt vorbei, den Elbstrom hinunter — —

„Na, glückliche Reis, Potosi," sagt Hinrich.

Und dann gehen wir alle auseinander.

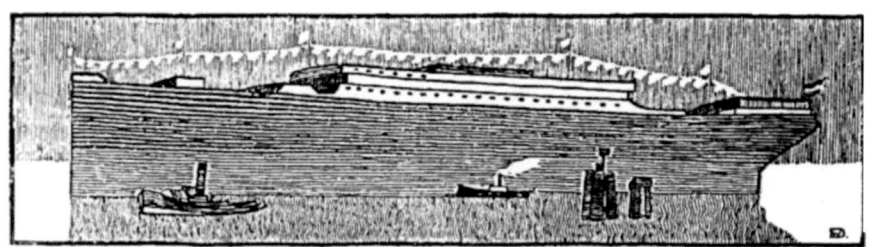

Auf dem Helgen streckte sich der mächtige Kiel. Der längste, den die Werft je aufgelegt. 700 Fuß streckte sich das Riesenrückgrat und war der Mittelpunkt von Arbeiterkolonnen, Eisenstapeln, Winden, Krähnen und Gerüsten.

Eisenbahnen und Dampfschiffe hatten die Eisenmengen herangeschleppt; Feuer, Dampfhämmer und Maschinen von unglaublicher Kraft formten sie im Innern der Werkstätten nach den Zeichnungen der Ingenieure; dann setzte, mit täglich stärker anschwellendem Lärmen ihrer Werkzeuge, die Arbeit draußen auf dem Helgen ein.

Unter ihren Händen fing der Riese an zu wachsen.

Arbeiterhände, Preßluft, Elektrizität, Feuer und Hebemaschinen gliederten ihm die Rippen an, die Verstärkungen. Jedes Stück Stahl, jedes Stück Eisen war berechnet auf Form und Stärke; es wurde gebogen, geschweißt genietet, daß es zu einem Ganzen zusammenwachsen mußte.

Langsam wuchs ein mächtiges Gerippe über dem Helgen auf. Die Zahl der bohrenden, nietenden, hämmernden Arbeiter wuchs; die Eisenteile wuchsen immer wieder zu neuen Stapeln an; das Lärmen der arbeitenden Werkzeuge war die würdige Musik für die Geburt eines Riesen.

Tagelang, wochenlang, monatelang wuchs und wuchs der Riese.

Er wuchs sich aus zu einem wunderbar wirren Gerippe von Stahl und Eisen, gegen dessen Stärke auch die schwersten Stürme später einmal machtlos sein mußten. Mit ihm stiegen die Gerüste höher und höher. Vom anderen Ufer des Stromes sah das Auge, daß dort drüben etwas Mächtiges sich zwischen den Gerüsten über dem Boden erhob; ganz allmählich erkannte es die Form, und täglich vernahm das Ohr die lärmende Musik, die davon zeugte, daß der Riese immer noch wuchs und wuchs.

Und dann kam ein Tag, an dem er in seiner ganzen Größe und Stärke dalag und festlich geschmückte Menschen um sich versammelt hatte, die Zeugen seiner Brautfahrt sein sollten in sein ureigentliches Element. Für das er erschaffen. —

* * *

Leise fängt es schon an zu dämmern unter den großen Wolken. Stolz ragt der Riese über die Tausende von Menschen, die sich ihm zu Füßen versammeln. In zwei breiten Reihen setzt sich das Gewimmel von Menschen auf Dampfern und Barkassen weit in den Strom hinein fort und schließt sich im großen Bogen auf der gegenüberliegenden Stromseite zu einer dichtgedrängten, hoch sich auftürmenden Menschenmauer.

Frohe Erregtheit herrscht überall. Die Fährdampfer bringen immer noch mehr geputzte Menschen; die Signalpfeifen schrillen lustig und geschäftig. Die Augen blicken leuchtender auf den belebten Heimatstrom, die Herzen schlagen ihm inniger entgegen. Stolz auf den Strom, den mächtigen Arbeitsplatz und Festplatz, erfüllt die Gemüter.

Da zeigt die kleine Boje mit der roten Flagge, daß Hochwasser eingetreten ist, und über die fröhliche Geschäftigkeit dröhnt ein Kanonenschuß. Ein paar Signale noch, und die Bahn ist frei.

Aller Augen richten sich auf den Riesen und tiefe, lautlose Stille setzt ein. Unhörbar auch sind die Glückwünsche, die aus Menschenmunde dem Koloß wie einem lebenden Wesen mit auf den Weg gegeben werden, — doch ein jeder weiß, sie werden jetzt gesprochen, und schweigend schließt er seine eigenen Wünsche ein.

Da, plötzlich, hats einer gerufen, oder kommt es aus tausend Kehlen? Das Wort: „Jetzt!" — und unmerklich, kaum wagt man daran zu glauben, hat sich der Koloß bewegt. Bewegt sich noch!

Es geschieht ein Unglück! Das ist die erste Empfindung — dann fangen die Sinne an zu fühlen, daß es ein Gleiten ist, empfinden, daß es so sein kann, so sein muß. Da ist aus dem Gleiten auch schon ein mächtiges unentrinnbares Wollen geworden. Schon schäumt das Wasser in hohen Bögen über die beiden Schraubenschäfte. Mit rasender Geschwindigkeit kommt der Eisenkoloß angesaust. Ein Zittern geht durch die Luft. Das Wasser schiebt und drängt. Vom Helgen steigt unter dem schier unerträglichen Druck ein Knistern und Ächzen auf. — Da, endlich, erscheint zwischen den Gerüsten der Steven des vorüberschießenden Ungeheuers aus gelben und weißen Rauchwolken des brennenden Helgens heraus.

Und dann schwimmt er! Majestätisch durchschneidet er fast die ganze Breite des Stromes.

Das Wasser wirft wilde Wellen ans Ufer, und aus Tausenden und Abertausenden von Kehlen auf beiden Ufern des Stromes brausen immer wieder Hochrufe, immer neue Hurrasalven über das Schiff. Hüte, Hände, Tücher grüßen, winken und flattern. —

Hell blitzten beim Eintauchen ins Wasser die goldenen Buchstaben des Namens auf: „Cleveland". Der ächzende, schäumende, rauchende Helgen liegt verlassen auf der Werft von Blohm und Voß. —

Über dem Hafen liegt lichter Nebel. Von der verborgenen Sonne leicht rosig gefärbt, webt er seine dünnen Schleier auch über die Stadt. Etwas Unwirkliches scheint den Hafen zu beleben. Hier rauscht das Wasser wie von einer Dampferschraube aufgepeitscht; zu Füßen erschallt gedämpftes Stoßen und Scheuern der vom Wasser bewegten schwimmenden Pontons; eine hin und her schaukelnde Laterne quiekt herauf. Dort pufft ein weißer Dampfstoß durch den Nebel auf, und gellend folgt ein Pfiff; dann gleitet ein grauer Schatten vorüber. Drüben schwebt eine weiße Wolke, und in sie hinein führen schattenhafte Brückenbogen, unter ihr entsteht traumartig eine Gruppe Fährdampfer und Schlepper. — Lichter wird der Nebel, goldiger. — Hier und dort bilden sich Formen, verwischen wieder und treten wieder deutlicher hervor: ein Schiffsschornstein, eine Mastengruppe. Der graue Schatten des Kaispeichers. — Dann ist auch er wieder verschwunden, und die weiße Sonnenscheibe hängt in dem Nebel. Das Wasser wird sichtbar; natürlicher werden die darüber schwebenden Geräusche.

Auch am Ufer ist ein Geräusch entstanden, fast unmerklich. Über die Brücke hinüber zieht es sich mit den darüber eilenden Menschen. Plötzlich ist das Leben erwacht. Was vereinzelt war, verschwommen, von dem geheimnisvollen Nebel der Wirklichkeit entrückt, hat sich zum vollen Leben entwickelt. Das Geräusch der Füße, das Murmeln der Stimmen, Rollen der Räder, Läuten der Bahnglocken, Pfeifen der Fährdampfer und Barkassen umgibt den immer anschwellenden, immer nachschiebenden Menschenstrom, der, von der Stadt kommend, sich hier auf die Schiffe ergießt, um sich auf die vielen Arbeitsplätze des Hafens zu verteilen.

Ein leichter Dunstschleier nur ist von dem Nebel zurückgeblieben, und in ihn hinein sausen die dichtbepackten Schiffe strahlenförmig über den Strom. Immer wieder kommen sie zurück, und immer wieder fahren sie schwarzbeladen zu den sich aus dem Dunst lösenden Werftmassen, den qualmenden Schornsteinen, den mahnenden, zur Arbeit rufenden Dampfpfeifen hinüber.

Laute Gespräche sind es nicht, die an Bord geführt werden. Keine besondere Lustigkeit herrscht: die Arbeit, die verrichtet werden muß, ist schwer. Doch herrscht auch kein Gedrücktsein, der Hafen, der plötzlich alles umfangen hat, übt seinen unwiderstehlichen Zauber. Und schon ratteln die pneumatischen Werkzeuge und hämmern die Nieten aus den Platten des Dampfers, der auf der Werft liegt und seinen Boden fast halb erneuert haben muß. Und schon öffnen die Arbeiter auf dem gegenüber liegenden Dock die Schotten und versenken es im Strom, um den mit Schleppern herangebrachten, sich nach Backbord überneigenden Riesen aufzunehmen und zu heben.

Aus immer neuen Geräuschen heraus entwickelt sich der junge, tatkräftige, lärmende Arbeitstag. Luftströme zischen durch die Feuerstellen; Funken fliegen auf, Eisenplatten werden glühend. Báng, báng, báng, báng, zerreißen in immer gleichen Abständen zwei Schlaghämmer das Zischen des Luftstromes in der Feuerstelle. Das Krachen zweier aufeinander fallender Eisenplatten wirkt wie eine Erlösung, doch das scharfe Geknatter eines mit Preßluft arbeitenden Werkzeuges macht ihr schnell ein Ende. Und dem ersten langen Ratteln schließt sich Werkzeug auf Werkzeug an, die Luft erzittert von dem herzlosen, unerträglichen Gerattel. Scharf setzt es ein, verstärkt sich; scharf bricht es ab, — báng, báng, báng, báng klingen herzerfreuend die Schlaghämmer in den Pausen.

Auf kleinen Karren poltern die Arbeiter Eisenplatten in die Torwege der großen Werkhalle. Blauer Dunst und Rauch lagert unter dem schwarzen Dache. Durch die Fensterreihen oben fällt ein kaltes, fahles Licht. Schmiedeöfen und Schmiedefeuer leuchten aus dem Halbdunkel. Von den Feuern zieht der Rauch blau und kräuselnd an den Fenstern vorüber zum dunklen Dache hinauf. Schwarze, mächtige Maschinen überall.

überall drehende Räder und Scheiben; überall schnurrende Transmissionsriemen, Ketten, Luftschläuche, Leitungsdrähte. Ein Ofen strahlt weiße Glut plötzlich durch das Halbdunkel. Die Arbeiter greifen zu. Zerren, schieben, rollen eine weißglühende Platte über die Eisenböden, durch die Walzen einer Maschine. Ein seufzendes, ächzendes, klagendes Geräusch begleitet die Bearbeitung der weichen Platte, die nun, zu einem Halbrund gebogen, zwischen den Walzen hervorkommt, wieder zwischen den unbarmherzigen Walzen zurück muß und wieder hervorkommt. Schlaghämmer fallen über sie her, und wieder klingen sie herzerfreuend nach dem erbarmungslosen, leise ächzenden Geräusch der pressenden Walzen.

In Ketten hängt eine andere Platte wie eine mächtige Zunge vor dem offenen Maul einer Lochmaschine. Arbeiter balancieren sie, schieben sie. Ein Hebel wird bewegt, und die Maschine stampft ein Nietenloch durch die mehrere Zentimeter starke Stahlplatte und wieder eins, wieder eins. Leise, mit wenig Geräusch, mit unwiderstehlicher Sicherheit und Kraft. Ein Haufen von kleinen, kreisrunden Stahlscheiben sammelt sich schnell am Boden an. Wieder krachen Eisenplatten auf Eisenplatten. Gleichgültig, ohne Aufhören, stampft die Maschine Nietenloch auf Nietenloch. Und dort stanzt eine andere Maschine, dort arbeiten zwei Bohrmaschinen nebeneinander. Eine andere Maschine schneidet die Stahlplatten, wie die Schere Papier schneidet. Immer wieder ist es das gequälte Ächzen der schier unglaublichen Kraft, das die Arbeit begleitet. Immer wieder ist das Aufeinanderkrachen der Eisenplatten wie eine Erlösung. Die Türen eines Ofens in der Mitte der Schmiede werden zurückgeschlagen, blendende Weißglut strömt aus. In der Glut suchen die Arbeiter einen fünf Meter langen Schraubenschaft mit Zangen zu packen. Blendend weiß greifen, zerren und reißen sie ihn hervor. Die Ketten eines Flaschenzuges werden daran befestigt. An Rädergestellen, die in der Höhe der Werkstatt auf Schienen laufen, hängt der Flaschenzug. So rollen, schieben, zerren die Arbeiter das mächtige Stück weißglühenden Stahles zur Dampfpresse hinüber. Die spielt damit. Geräuschlos senkt sie einen Preßkolben und preßt und formt den Stahlschaft, wie die Finger Ton formen und pressen. Leise, langsam, vorsichtig. Der Meister steht unter den von der Glut bestrahlten Arbeitern und leitet mit Handbewegungen und knappen Worten die Arbeit. Die Stärke und Tiefe des Druckes, die Drehungen des glühenden Stahles ordnet er an. Immer wieder hebt und senkt sich der Preßkolben; in dem Flaschenzuge hängend, mit langen Zangen gepackt, läßt das glühende Eisen sich scheinbar leicht in jede Lage bringen. — 470 Tons Druck übt die Presse aus. Um diese Kraft herum gruppiert sich harmonisch die Kraft der mit äußerster Anstrengung arbeitenden Menschen, hell erleuchtet von dem glänzenden Stahl. Bis zum dunklen Dache hinauf überragen die Schäfte und Zylinder der kraftvollen Presse die Gruppe der Arbeiter. Sehnige, magere Gestalten, undeutlich in ihren Konturen, mit hellerleuchteten Gesichtern, voll Ernst und Hingabe an die Arbeit. Und immer aufs neue öffnen sich Feuerstellen, strahlen weißglühende Eisen durch das Halbdunkel. Hantieren kräftige Menschen. Hier wird ein Stahlmantel um einen Schaft geschweißt, und ein helles Funkenfeuerwerk sprüht weit über die Schmiede. Die schlagenden Hämmer töten jeden Laut, so daß wie ein Märchenbild ein Zug Arbeiter mit einer glühenden Platte geräuschlos über den Boden zieht. Dann sieht man auch sie hämmerschwingend die leuchtende Platte bearbeiten. Vielleicht ist das Lärmen größer geworden, das Ohr empfindet es nicht mehr. Das Rundumher-immer-wieder-Hervorsprühen der Weißglut, die aufzischenden Feuer, das abwechslungsreiche Spiel des Lichtes über die einmal von der Glut hell beleuchteten, dann wieder sich schwarz von ihr abhebenden Arbeitergruppen hält das Auge gefangen. Über dem Ganzen liegt der geheimnisvolle blaue Zauber des Halbdunkels. Von dem blauen Rauch und Dunst aus den Feuern ist es durchzogen, belebt von Gestalten, die etwas Unwirkliches zu verkörpern scheinen, die aber, vom Licht getroffen, von der völligen Hingabe der Kräfte des Körpers und der Sinne überzeugen.

Und draußen wird all die Arbeit, die in dem Halbdunkel verrichtet wurde, verständlicher. Schiffe liegen dort auf den Helgen mit zerbrochenem Steven und eingedrückten Platten. Eine Anzahl Platten ist schon erneuert worden, der neue glühendrote Steven wird aus der Schmiede herangeschleppt. Ein Dampfkessel schwebt in den Ketten eines Krahnes durch die Luft. Zwei mächtige Schornsteine wie Sektionen eines Tunnels liegen ihm zu

Füßen, und wieder sind es Eisenplattenstapel, die uns umgeben, aufgestapelte Schiffsschrauben, Dampfkessel, Maschinen.

Dann nimmt das Schwimmdock alle Sinne gefangen. Zwischen seinen Wänden liegt der große Ozeandampfer in all seiner Mächtigkeit. Voll überwältigender Schwere stützt sich sein Kiel auf die lange Klotzreihe; voll überzeugender Sicherheit schwingen sich die Linien seines Bugs, fast die Dockwände berührend, bis hoch über das Dock hinauf. Frei stehen die Doppelschrauben zu beiden Seiten des Steuers, und im stolzen Bogen schwingt das Heck sich darüber. Seine Reparaturen sind beendet, hellrot in seiner neuen Farbe leuchtet der Koloß. Die lauten Stimmen der aufräumenden Arbeiter schallen langgezogen zwischen den Dock- und den Schiffswänden, die Pontons auf beiden Dockenden werden losgelöst; zwei Schlepper liegen draußen bereit.

Dann rieselt plötzlich das Wasser über den Boden des Docks. Von oben werden die Schotten geöffnet, und tief unten verschwindet langsam der Boden. Langsam steigt das Wasser bis an den Kiel; schon ist der breite Bug von Wasser umgeben. Tiefer und tiefer sinkt das Dock. Gleichmäßig, wagrecht liegend, wie die Pumpen die Tanks leeren müssen, muß auch das Wasser wieder hineingelassen werden. Aus den Luftschäften saust die entweichende Luft; Luftblasen steigen durch das Wasser auf. Die Stützen werden eingezogen. Plötzlich hat das Schiff sich bewegt; es schwimmt. Es macht eine leise Bewegung nach vorn und zurück, Dock und Schiffskiel haben sich getrennt. Schon sind die Schleppertrossen befestigt, und langsam gleitet das Schiff zwischen den Dockwänden heraus, stromabwärts, an den Werften, den Docks, den Maschinenhallen vorüber zu den Ladeschuppen. Es ist wieder zur neuen Reise gerüstet.

Und dann zieht es auch uns hinaus auf den Strom, in die Häfen. Aus reiner Freude am Schauen. — Das halbvergessene Gefühl des einstmaligen Zurückkommens in den Hafen wird wieder lebendig. Lange Jahre im fremden Lande tauchen in der Erinnerung auf. Das Abschiednehmen dort drüben mit dem Herzen voll Heimathoffnung. Dann das wochenlange Vorwärtsstreben durch die grenzenlosen Ozeanweiten. Durch die Stürme, die uns packten mit eisigen Winden und Hagelschauern; durch die furchtbaren Wellen, die uns erdrücken wollten. Viele, viele Tage lang dauerte der Kampf. Dann waren die wärmeren Zonen erreicht. Palmengeschmückte Küsten tauchten auf; Städte voll südlicher Farbenpracht und Lebensfreude. Die Schwüle des Äquators erweckte Träume von der Heimat, der wir uns näherten, und wochenlang noch ging es weiter. Täglich 300 Seemeilen näher der Heimat; täglich größere Sehnsucht danach; täglich größere Hoffnung darauf.

Da fährt endlich durch die dunkle Nacht ein langer Lichtstrahl über uns hinweg; noch einer, wieder einer: das Leuchtfeuer von Helgoland. Und als es Tag wird, da dehnen sich zu beiden Seiten des Schiffes die Elbufer. Wie wunderbar ist das nach all den Wochen des Schauens auf den leeren, grenzenlosen Horizont! Mühlen, Häuser, Städte, Dörfer, Deiche tauchen auf. Das Grün der Weiden erstreckt sich bis in die duftige Ferne hinein. Hügeliger werden die Ufer, belebter wird der Strom, goldener der Sonnenschein. Bekannte Häuser grüßen vom Ufer herüber. Blankenese. Die grüne Turmspitze der Nienstedtener Kirche. Finkenwärder — und dann, da vorn in dem goldigen Dunst die Stadt! Das ist ein Schauen! — Ein Dampfer kommt uns entgegen. Ein Kosmosdampfer. Den halben Weg, den wir gekommen, will der nun zurück. — Wie kann es nur Menschen geben, die die Heimat verlassen? Von beiden Schiffen blicken und grüßen Menschen, in deren Herzen die Hoffnung lebt; die Hoffnung des Erringens, Erreichens — die Hoffnung des Wiedersehens. Und schon sind beide Schiffe weit voneinander getrennt. Wie altbekannt und ehrwürdig stehen dort am Ufer die alten roten Speicher mit den alten wohlbekannten Namen. Gegenüber die neuen Häfen mit ihren ragenden Eisengestellen, den hohen Krähnen und dem Gewimmel von

Schiffen. Neu und unbekannt — auch die Heimat hat sich verändert. Und dann umgibt uns das Hafenleben, und es ist kein Ende des Schauens, des Erinnerns. Das Stadtbild, die Werftgruppen, Schiffsreihen, der Kaispeicher tauchen auf; das Getriebe der Schuten, Schlepper, Fährdampfer umgibt uns — das Schiff, auf dem wir stehen, das uns treu und sicher zurückgeführt hat, ist vergessen. Die Gedanken stürmen voraus — über die Kais, durch die Straßen, nach Hause. — Das war ja alles Dummheit, was hinter dir liegt! Was liegt hinter dir? Auch das ist vergessen.

* * *

Uns hat es hinaus über den Strom, in den Hafen geführt. Aus reiner Freude am Schauen. Ein Auswandererschiff zieht mit Musik an uns vorüber. Über die Reeling des Vorderdecks lehnen sich zusammengepreßt Hunderte von Menschen, die die Heimat für immer verlassen. Einige grüßen und winken, andere starren nur herüber. „Wie leid tun sie mir," spricht einer von uns, „was wird ihr Schicksal sein?" Männer, Frauen und Kinder. — Da brüllt das Signalhorn des Amerikariesen. Leid tun? Warum? Jetzt sind sie tagelang beschützt durch Schiff, Kapitän und Mannschaft. Frei und unabhängig ziehen sie hinaus über die nie geahnte Größe des Ozeans. Viele Tage lang bedrückt sie nichts, und dann betreten sie ein neues großes Land, auf das sie ihre Hoffnung gesetzt, an das sie glauben, in dem sie noch einmal ihrem Leben einen neuen Anfang geben wollen. Nicht allen von ihnen wird es glücken — wer aber die Kraft des Gestaltens in sich hat, der wird es erreichen. Sonderbare Schicksale, schnelle und langsam gereifte Entschlüsse, langes Arbeiten und Sparen, große Not und schweres Leid führt die Menschen in dem Zwischendeck eines Ozeandampfers zusammen — doch dann wölbt sich der freie Himmel über sie, der unendliche Ozean umgibt sie; strahlender Sonnenschein und glitzernde Sternenhimmel oder brausende Stürme, schwer hängende Wolken, pfeifende Winde und über das Schiff brechende Wassermengen. Trost, Stärkung, Zuversicht, Glaube, Wille und Kraft spendet die unendliche Natur einem jeden Herzen. Jedem was er bedarf. Nicht die Schwächsten sind es, die dort im Zwischendeck vereint sind, doch ihnen allen ist die Zwiesprache mit dem mächtigen Ozean not, denn jeder von ihnen zieht in den schwersten Kampf seines Lebens. Heil ihnen! —

Uns hat die Freude am Schauen in den Hafen geführt.

Fern auf dem Elbstrom unter einer großen Rauchwolke zieht der Auswandererdampfer durch ein Gewimmel von roten Segeln und kreuzenden Fischerewern. Vom Fange kommen sie zurück an die Fischmärkte. — Eine eigene, mit vielen Tränen getränkte Poesie umgibt das Leben des Fischers. Ihm ist die See voller Gefahren. Stürme, Tollkühnheit sind immer wieder die Grundtöne, die durch viele traurige Geschichten auf der alten Fischerinsel Finkenwärder klingen. „Was willst du werden?" fragt einen Jungen von dort. „Seefischer" antwortet er prompt. Ob der Großvater, der Vater, der Onkel ertrunken sind — Seefischer wird der Junge wieder.

Nun liegen die Fischewer an den langen Landungsbrücken des Fischmarktes. Die Netze sind aufgehängt zum Trocknen. Die Frühnebel haben sich zerteilt, und auf den Böten herrscht reges, lustiges, handelndes, feilschendes Leben. Was für Prachtgestalten sind die verwitterten, verwehten, von Luft und Seewasser gezeichneten Fischer! In Wolljacken, Transtiefeln, die Hände in den Hosentaschen, handeln sie behaglich und lassen sich nichts abdingen vom wohlverdienten Preis ihrer lebenden Ware. — Zwischen Landungsbrücken und Kai liegen die Fischdampfer. Einige von ihnen haben bis 30000 Pfund Seefische gebracht. In den langen Fischmarkthallen werden sie verauktioniert. Die ganzen weiten Bodenflächen füllen Kästen mit den weißen Fischen. Schellfische, immer wieder Schellfische, Kabliau, Schollen, Seezungen, Rochen. Auch wohl ein oder zwei Störe. Das war dann ein glücklicher Fang für die Fischer; die Störe sind gar zu selten geworden in der Elbe. Durch die frühen Morgenstunden wogt, handelt, drängt und arbeitet ein reges Leben in den Hallen. Die Luft ist gefüllt mit dem Geruch von frischen Seefischen, die Stimme des Auktionators schallt durch den Raum, die Gruppe der Kaufenden drängt um die Kästen mit den Fischen, vereinzelte Händler und Fischfrauen prüfen die Ware, prüfen die rote Farbe der Kiemen und legen sich in Gedanken den Preis zurecht, den sie bezahlen wollen. Das Gesicht der alten Fischfrau drückt Unzufriedenheit aus, von der aber das Herz nichts weiß. Es ist eben ihr

kleiner Geschäftstrick: „Gammelige Woor hüt morgen" übersetzt sie, die Hände in die Hüften gestemmt, die Gedanken, die sie gar nicht hat.

Dann fesselt uns das Leben auf den St. Pauli Landungsbrücken. Eine Reihe bunt beflaggter und bewimpelter Vergnügungsdampfer hat an den Pontons festgemacht. Der Hamburger geht gern ein „büschen ins Grüne". Auch wohl ein bißchen auf die See, weils mal so Mode ist und die Fahrgelegenheiten so günstig sind. Der Turbinen-Schnelldampfer „Kaiser" ist für Helgoland gerüstet. Mehr und mehr Menschen strömen auf die schon stark besetzten Decks. In manchen Gesichtern liegt etwas Entschlossenes: den Kampf aufzunehmen mit den wogenden Wellen der Nordsee — was auch immer kommen möge! Seemännisch wird jedes kleine Wölkchen im Westen beurteilt, jeder kleine Windpuff: Wie wird es draußen sein? Windstärke 3, oder Windstärke 7? Abwarten! „Es wird eine schöne Fahrt" ist die allgemeine Auffassung. Ein nichtmitfahrender Wassersportsman auf dem Ponton ist andrer Meinung und erzählt den horchenden Passagieren „seine Erfahrung mit Helgoland". Auf einem vollgepackten Tender sei er hinausgefahren — als Vergnügungsfahrt sei die Sache angezeigt gewesen —. Vor Cuxhaven schon hätten seine Nachbarn sich nicht wohl gefühlt, bei Cuxhaven seien schon die ersten Spritzwellen über Bord gegangen; beim Feuerschiff hätten sie schon „keinen trockenen Faden mehr am Leibe gehabt" und als sie endlich durch den „fürchterlichen Sturm" vor Helgoland angekommen seien — mehr tot als lebendig — hätten sie nicht landen können. Als der freundliche Erzähler mitten im Beschreiben der „furchtbaren" Seegefahren ist, setzt der Dampfer sich langsam und geräuschlos in Bewegung unter Tücherflattern und Hüteschwenken. Stolz fährt er davon und führt die frohen Menschen, die er an Bord hat, die schöne Elbe hinunter, auf die blaue Nordsee hinauf, zur schönen Insel hinüber. —

Uns aber führt der Fährdampfer über den Strom in den Kohlenhafen. Schwarz, mit Kohlenstaub überzogen ist alles: Schiffe, Schuten, Menschen, Wasser. An den kurzen Masten hängen die Winden, Windebäume sind aufgestellt, Gerüste gebaut, und überall hantieren schwarze Gestalten, pufft und zischt weißer Dampf aus den Winden. Ununterbrochen sausen die Körbe durch die Luft, ununterbrochen kippen die Arbeiter die Meßtonnen, ununterbrochen ergießen sich die Kohlenströme über die eisernen Gleitbretter in die untenliegenden Schuten und Kähne. Die Ewerführer suchen sich durchzuarbeiten mit ihren Schuten, die Schlepper verholen die beladenen Schutenzüge. In vierundzwanzig Stunden löschen die Schauerleute einen Kohlendampfer. Es ist eine schwere Arbeit. Der mächtige Helgen von Blohm und Voß, die hohen Eisenkonstruktionen auf der neuen Vulkanwerft überragen stolz und luftig das Gewimmel des Kohlenhafens, und zu ihnen hinüber zieht es uns in der Barkasse. Zum Schauen sind wir in den Hafen gekommen. Wahrlich, es gibt zu schauen!

Die Dockmassen von Blohm und Voß mit den mächtigen Schiffen darin. Die „Deutschland", der Amerikalinie schnellstes Schiff, liegt in dem großen Schwimmdock. Aus den wundervoll geschweiften Konturen des Schiffsrumpfes ragen die beiden mächtigen Schrauben hervor, die drei gelben Schornsteine streben hoch auf und stolz in die Luft. Es ist Deutschlands schnellstes Schiff; lange Jahre das schnellste Schiff der Welt.

Über Dock und Schiff spannen sich luftig die schlanken Krahnanlagen des Helgens. Auf dem Helgen aber wird der Kiel gelegt zu Deutschlands größtem Kriegsschiff.

Die hellroten Pontons und die halbfertigen hohlen Seitenwände des neuen, 25 000 Tons großen Docks schwimmen daneben. Hell und weit leuchten sie im Sonnenschein. Beim Näherkommen dröhnt es aus dem Riesengebilde hervor, summt es, kracht es, rattelt es — ununterbrochen arbeiten die Werkzeuge, die Ketten, Flaschenzüge, die darüber hinwegragenden Krähne, und ihr Schreien und Knirschen, Ratteln und Rollen zeugen von dem Wachsen des gewaltigen schwimmenden Gebäudes. —

Zum Schauen hat es uns in den Hafen gezogen. Doch die Arbeit und die Unruhe des Hafens reißt uns mit sich fort, läßt uns Erlebtes aufs neue mit blendender Deutlichkeit empfinden, vermischt Fernliegendes mit dem Geschehen des Augenblicks. Auf die Lippen der Begleiter springen Worte, die innig verbunden sind mit ihren Lebensinhalten und die dazu angetan sind, die vor uns liegenden, von der Arbeit geschaffenen, in voller Arbeit befindlichen Wirklichkeiten zu verstehen. Und ihnen doch wieder so fremd sind!

Wohl hat der eine von uns seine ihm anvertrauten Schiffe zwanzig lange Jahre über die Ozeane geführt. Er hat sie sicher geführt mit voller Kenntnis und ganzer Hingabe an seinen Beruf — und doch hat er einmal nur das nackte Leben retten können: Das seiner Mannschaft und sein eigenes. Er blickt auf die wundervoll schlanken Formen des Schnelldampfers; er sieht ihn über den Ozean rasen, und er sieht ihn, von mächtigen Wellen umdrängt, sich durch die Stürme arbeiten. Und er erzählt von dem Gefühl der stolzen Verantwortung auf der Kommandobrücke, von der ehrlichen Sorge für Menschenleben und Güterwert und von dem grenzenlosen Leid des Scheidenmüssens an der tückischen Küste, bedrängt von der ersten über das Wrack brechenden tödlichen Welle. — Nur noch ein Wrack, sein stolzes Schiff! —

Vergessen war auf Augenblicke das das Schiff bergende Dock, vergessen, daß noch Tage es von seiner nächsten Reise trennten — wir sahen es im Geiste über die langschwellenden Wogen des Ozeans ziehen, ein winzig kleiner Fleck unter der Rauchwolke, die seine drei Schornsteine ausstießen —, und doch waren wir zum Schauen, nicht zum Träumen in den Hafen gekommen. —

Da sauste eine Barkasse, bepackt mit schwarzen Kohlenarbeitern an uns vorüber. Sie haben in 18—24 stündiger Arbeit einen andern Ozeanriesen mit seiner schwarzen Nahrung versorgt. Müde, heiß, schwarz ziehen sie an uns vorüber, und unsere Augen sehen wieder das Dock mit dem schönen Schiff, und wir sehen die Gerüste, die um ihn in langen Linien herum hängen, wir sehen die Arbeiter, die sich darauf bewegen, hören den Lärm ihrer Werkzeuge, sehen den Feuerschein ihrer fahrbaren Essen und lauschen auf die Worte eines Begleiters, der von der lang sich streckenden Werft erzählt; von seinen Lehrjahren und dem Bau von hölzernen Zwei- und Dreimastern. Von den schweren Eichenholzkielen erzählt er und von Schiffsrümpfen aus Teakholz und von dem ersten Schiffe, das er mithalf zu bauen. Daß es Steven voran vom Helgen lief. Schärfer werden seine Worte, härter, bestimmter. Von Eisen spricht er, Stahlplatten, Nieten, Eisenböden — einmal noch klingt es leiser, zögernder, als er erzählt, daß sein altes, erstes Schiff noch zwischen den Häfen der Ostsee liefe — dann aber riß er uns mit sich fort, in die Größe, die Kraft und das Wissen der

Schiffsbautechnik hinein, die wir ja doch nur ahnen konnten. Und da sehen plötzlich unsere Augen den Schnelldampfer im Dock wieder ganz anders, ganz neu vor uns liegen: Eine Schönheit! Ein Gebilde voll Kraft und Sicherheit. Ein Kunstwerk voll Eigenleben.

* * *

Zum Schauen sind wir in den Hafen gekommen, und aus dem Schauen ist ein Erleben geworden. Der mit den schwarzen Arbeitern bepackten Barkasse sind unsere Gedanken nachgezogen in die kleine Wirtschaft an der schmalen Hafenstraße. Wir sehen sie um die kahlen Tische sitzen, müde, durstig, doch ohne viel zu trinken, ohne laut zu sprechen. Ein paar während der Arbeit entstandene Meinungsverschiedenheiten ausgleichend. Die Wandtafel, auf der mit Kreide die telegraphisch gemeldeten Kohlendampfer verzeichnet sind, studieren einige, einige berechnen, wann ihr „Gang" wieder an die Reihe kommt. Andere wieder kommen, die Hand voll Geld, aus dem oben liegenden, als Kontor dienenden Raum zurück, teilen mit dem Kameraden, für den sie die Löhnung oben mit empfangen haben. Alle bezahlen die paar Pfennige oder Mark, die ihnen seit dem letzten Löhnungstage, wie es so Mode ist, „angekreidet" worden sind, für Kaffee des Morgens und auch mal ein Glas Bier am Tage. Die Löhnung in der Tasche, ziehen sie nach Hause. Nicht laut und voll besonderer Heiterkeit, zufrieden aber und selbstbewußt mit ihrem einfachen Leben, ihrer schweren Arbeit und ihrem einfachen Glücke. —
Plötzlich ist die Barkasse der Mittelpunkt eines wogenden Schifflebens geworden. Schleppzüge, ein von Schleppern verholter Segler, ein einkommender Passagierdampfer, Oberländerkähne und Fährdampfer umgeben uns von allen Seiten. Das Wasser ist wild bewegt. Die Barkasse schaukelt, und schwarze Rauchwolken hüllen uns ein. Aus ihnen heraus schält sich hoch oben der 75 Tons-Krahn der Amerikalinie, und wir lauschen auf Zahlen und immer wieder Zahlen, die von der Menge der eingeführten Güter zeugen. Wir können uns von den vielen, vielen Millionen Doppelzentnern, von denen unser Begleiter erzählt, keinen Begriff machen, doch immer, wenn der Rauch der uns in verwirrender Zahl umgebenden, kreuzenden, über-

holenden Schlepper und Schleppzüge verzieht, steigen neue Bilder von mächtigen Getreidehebern mit Fangarmen wie Riesenpolypen vor uns auf. Immer neue Dampfer sind von den Getreidehebern umgeben, von den Riesensaugern gepackt. Scharen von Oberländerkähnen umgeben die Dampferreihen und die großen Getreideheber. Immer wieder drückt die schwere Luft den überall aufsteigenden Dampf und Rauch nieder; immer wieder tauchen in den sich bildenden Lücken neue bunte Bilder auf. Schiffswimpel, buntberingte Schornsteine, Masten mit den sie wie Äste umgebenden Windebäumen, die großen Eisengerüste der Werften, rote neue Gebäude, hohe Schornsteine, graue Krähne und schwarze Schiffsrümpfe, und dann wieder pfeift es, dampft es, schiebt es um uns herum: Barkassen, Schlepper, Schuten, Leichter, und wir hören auf unseren Begleiter und verstehen vielleicht etwas besser, was seine Zahlen ausdrücken. Doch: Zwanzig Millionen Doppelzentner Jahreseinfuhr von Weizen, Roggen, Hafer, Gerste, Mais usw. — was sollen wir uns eigentlich dabei denken? Fünfunddreißig Millionen Doppelzentner Steinkohlen und Koks — — — Da wachsen hoch über uns auch schon die mächtigen Schiffsrümpfe der großen Passagierdampfer mit ihren riesigen Deckbauten, ihren vier, ihren sechs Masten auf. Schiff auf Schiff in langen Reihen: „Präsident Lincoln", „Waldersee", „Pensylvania", „Fürst Bismarck". Im Kaiser Wilhelm-Hafen! —

Das kleine schnelle, dampfende, pfeifende, qualmende Leben, das uns eben noch umgab, ist hier einer schier starren Ruhe gewichen. Auch hier überall Leichter, Schuten und Kähne, doch die mächtigen schönen Schiffe in ihrer Ruhe nehmen immer und immer wieder den Blick gefangen. Die auf hohen Gerüsten laufenden Krähne dahinter drehen sich geräuschlos in schier endloser Reihe. Ein eigenartiges Leben liegt in der langen, sich immer drehenden Krahnreihe über den großen Schiffen; den immer auf- und niederfliegenden Ballen und Gütern. 150000 Sack Kaffee hat der eine der Riesen von Brasilien gebracht. — Wir glauben es ja gern, und glauben auch, daß diese gewaltige Menge den hinter dem Schiffe liegenden Schuppen völlig ausfüllen wird. Doch unsere Sinne hat die machtvolle Gesamtheit dieses Hafens gefangen, und schweigend fahren wir an den schönen Schiffen vorüber, dem Hafeneingang entgegen. —

Die Sonne steht schon tief und dunkelrot in dem Dunst, der über der Elbe liegt. Rotglänzend hier und dort ein Teil eines Schiffsrumpfes, rosig die weißen Deckaufbauten. Aus den Kabinenfenstern blitzt es hin und wieder.

Die Palisadenreihe mit den dahinterliegenden Kohlendampfern sperrt schwarz und weich den Blick; blau steigt der Dampf auf von Winden und Schornsteinen. Dann breitet sich weit und duftig der Elbstrom vor uns aus. Die Ufer links verschmelzen fast mit dem Wasser, die rechten Elbufer lösen sich allmählich auf in dem Duft und Dunst der Ferne. Ein breiter, roter Sonnenreflex liegt über der ganzen Länge des Stromes. Kein Schiff, kein Segel ist auf dem Strome zu sehen, leuchtend, schweigend fließt das Wasser mit der Ebbe der Nordsee entgegen — —.

Abend ist es geworden.

Aus dem Westen heraus schien eine große Ruhe über die Stadt zu ziehen. Es leuchtete überall noch einmal in dem weiten Hafen auf von den letzten Sonnenstrahlen, dann zog leichter grauer Duft darüber hin. In ihm hinweg starben allmählich die Geräusche, durch ihn hindurch flogen wieder die Dampfer mit den Arbeitermassen, schwarz strömten sie dann in unabsehbaren Kolonnen über die Straßen ihrem zu Hause entgegen, hungrig und müde.

Zum Schauen waren wir in den Hafen gekommen; nun ist es Nacht geworden, und ein hoher Sternenhimmel breitet sich darüber. Überall blitzen Laternen und Lichter auf, die langen Reihen der Uferlampen, die hohen Reihen der weißen Bogenlampen. Die Elbe ist mit den weißen, grünen und roten Lichtern der Schiffe belebt. Aus ihnen heraus taucht die Form eines großen Dampfers auf, ihm folgen zwei andere. Schattenhaft, mit blitzenden Lichtern, ziehen sie vorbei. Und ihnen werden mit der Flut während der Nacht noch mehr folgen. Aus allen Erdteilen, beladen mit Gütern, Arbeit bringend. Und mit dem zurückfließenden Wasser fahren dann wieder andere Schiffe die Elbe hinab, nach allen Erdteilen, beladen mit Gütern, müde Menschen zurücklassend, müde von der Arbeit.

Ende